Emmanuel Levinas

Dieu,
la Mort et le Temps

现代西方学术文库

上帝、死亡与时间

〔法〕伊曼努尔·列维纳斯 著

文 晗 译

生活·讀書·新知 三联书店

图书在版编目（CIP）数据

上帝、死亡与时间 /（法）伊曼努尔·列维纳斯著；
文晗译. -- 北京：生活·读书·新知三联书店，2025. 9（2025.11 重印）
（现代西方学术文库）. -- ISBN 978-7-108-08112-4

Ⅰ. B086

中国国家版本馆 CIP 数据核字第 2025FS1903 号

Emmanuel Levinas
DIEU, LA MORT ET LE TEMPS
©Éditions Grasset & Fasquelle, 1993
本书中文简体版权由巴黎迪法国际出版社授权出版

责任编辑　王萱婕
装帧设计　薛　宇
责任印制　董　欢
出版发行　生活·讀書·新知 三联书店
　　　　　（北京市东城区美术馆东街 22 号　100010）
网　　址　www.sdxjpc.com
图　　字　01-2022-3905
经　　销　新华书店
印　　刷　河北鹏润印刷有限公司
版　　次　2025 年 9 月北京第 1 版
　　　　　2025 年 11 月北京第 2 次印刷
开　　本　880 毫米 × 1230 毫米　1/32　印张 8.5
字　　数　204 千字
印　　数　4,001 - 6,000 册
定　　价　78.00 元
（印装查询：01064002715；邮购查询：01084010542）

现代西方学术文库

总　序

　　近代中国人之移译西学典籍，如果自1862年京师同文馆设立算起，已逾一百二十余年。其间规模较大者，解放前有商务印书馆、国立编译馆及中华教育文化基金会等的工作，解放后则先有50年代中拟定的编译出版世界名著十二年规划，至"文革"后而有商务印书馆的"汉译世界学术名著丛书"。所有这些，对于造就中国的现代学术人才、促进中国学术文化乃至中国社会历史的进步，都起了难以估量的作用。

　　"文化：中国与世界系列丛书"编委会在生活·读书·新知三联书店的支持下，创办"现代西方学术文库"，意在继承前人的工作，扩大文化的积累，使我国学术译著更具规模、更见系统。文库所选，以今已公认的现代名著及影响较广的当世重要著作为主，旨在拓展中国学术思想的资源。

　　梁启超曾言："今日之中国欲自强，第一策，当以译书为第一事。"此语今日或仍未过时。但我们深信，随着中国学人对世界学术文化进展的了解日益深入，当代中国学术文化的创造性大发展当不会为期太远了。是所望焉。谨序。

"文化：中国与世界"编委会

1986年6月于北京

"现代西方学术文库"自 1987 年出版第一部译著《悲剧的诞生》，迄今已近 40 年。这套译丛启迪了几代国人对学术的追求和对精神的探索，已经成为当代中国思想和文化发展的一个路标。其后，三联书店在这套文库编选思路的基础上陆续推出了"学术前沿""法兰西思想文化""社会与思想""西学源流"等西学译丛，为中国全面探究西方思想的时代前沿和历史源流提供了一大批极具影响力的作品。

在新世纪走向纵深、世界图景纷纭繁杂、中西思想交流日渐深化的此刻，我们重整和拓展"现代西方学术文库"，梳理自 19 世纪中叶以降，为应对现代世界的诸多问题，西方知识界持续做出的思想反省和理论推进，以供当代中国所需。我们将整合三联书店的西学译丛，修订或重译已有译本，并继续遴选优质作品，进一步丰富和扩充译丛书目。

感谢"文化：中国与世界"编委会和丛书主编甘阳在历史时刻做出的杰出工作，感谢译者们的辛勤付出！三联书店将一如既往，与学界同仁一起，继续为中国的学术思想发展贡献自己的绵薄之力。

生活·读书·新知三联书店

2024 年 6 月

目　录

死亡与时间

上帝与存在－神－逻辑学

译者导言

一

列维纳斯的《上帝、死亡与时间》一书，是由其1975年到1976年间在索邦大学开设的两门课程的内容结集而成。列维纳斯于1973年到索邦大学任教，一年之后，出版了被许多人认为是其最重要著作（或至少是之一）的《别于存在，或在本质之外》（*Autrement qu'être, ou au-delà de l'essence*，后文简称《别于存在》）一书，再过了一年，列维纳斯即在索邦大学开课讲授本书所收录的两门课程。因此，本书很自然地应该放在由《别于存在》所开启的列维纳斯晚期思想之中加以理解，这也在列维纳斯的学生、好友也是本书编者雅克·罗朗（Jacques Rolland）为本书所写的前言（见《告读者》）之中有所论述。

开设这门课程之时，列维纳斯已经是七十岁的老人。虽然此时他已经回到了大学任教，看似回到了学术思想的中心，但在20世纪70年代的法国哲学界和思想界，当红的思想家并不是作为现象学代表的列维纳斯，也不是战后流行一时甚至成为文坛盟主的萨特和加缪等人，而是比萨特、梅洛－庞蒂以及列维纳斯等1900年代生人晚上二十多年的福柯、德勒兹和德里达这一代思想家。这时候的法国思想界，占据主导位置的不再是现象学和德国唯心主义这样一些偏重于形而上学的哲学流派，甚至也不是存在主义这一流行于战后早期的"主流"哲学思想，而是结构主义、后结构主义、解构主义、精神分析和马克思主义等更为狂拽酷炫的理论。比如，我们会看到，福柯的代表作《词与物》出版于1966年，《规训与惩罚》出版于1975年，其晚期最重要的著作《性史》也在1976年开始出版；德勒兹也在1968年出版了其（在笔者看来）最重要的哲学著作《差异与重复》，德里达则在1967年一口气出版了三部著作，分别是《论文字学》《声音与现象》和《书写与差异》。

也正是在这些更为新颖叛逆的年轻哲学家的加持之下，第二次世界大战以后对战争的反思，以及由之而来的对整个西方形而上学传统的反思与批判，在1968年"五月风暴"掀起的狂澜中达到了高潮。这一代的知识分子与青年，在对传统形而上学与纳粹的某种共谋关系的批判性反思中，直接略过了战后早期一度统治着欧陆思想界的黑格尔、胡塞尔和海德格尔的"3H"，从他们各自的批判者马克思、马尔库塞以及遥远东方的新中国借取了"3M"，重构了新的时代风气。

与他们相比，列维纳斯仿佛一个局外人，即便其境况相比50年代在犹太中学任校长时已有所改善，但他仍然是法国哲学界乃至欧陆哲学界的边缘人。列维纳斯仿佛他笔下的"他者"，在整个50年代大隐隐于市，默默学习着一些来自于三千年前的智慧，冷眼旁观着思想界中此起彼伏的各种潮流。

60年代开始，列维纳斯仿佛重获青春，进入了思想成果的爆发期。从1961年到70年代，陆续出版了他思想生涯中最重要的几部著作《总体与无限》（*Totalité et infini: Essai sur L'extériorité*）、《别于存在》和《论来到观念的上帝》（*De Dieu qui vient à l'idée*）等，但与他同时代的萨特、拉康以及晚一辈甚至两辈的福柯、德里达和德勒兹等人相比，列维纳斯似乎更接近保罗·利科、雷蒙·阿隆而被归入60年代的保守派。

然而，如果我们考察列维纳斯本人的思想，就会看到其思想并不像看起来的那般温和与谦逊，而是包含了十分激进且彻底的维度。

二

如果将列维纳斯的思想置于20世纪下半叶法国思想的场域之中，我们会看到，在这个时代流行的思想，很少有独属于哲学或者形而上学的。20世纪法国思想中冲击了人们观念的理论，可能更多来自形而上学、社会学、人类学、政治学、文艺理论以及精神分析或心理学等形式不一的结合。从纯粹哲学观念，或者更直白点，从形而上学角度提出创见的，则寥寥无几。列维纳斯对他者（autre）概念彻底的描述和考察，无疑是20世纪法国思想中真正有创造性的哲学思想之一。当然，这种对他者、超越者（Le Transcendant）、外在性（extériorité）和他异性（altérité）的重视，也能很明显地看到海德格尔尤其是后期海德格尔的影子，但列维纳斯对他人（Autrui）的引入，又创造性地综合了后期胡塞尔对交互主体性问题的阐释，由此构造出了自己崭新的思想体系。

列维纳斯不同于其同时代人从不同学科出发进入哲学的做法，也不同于解构主义式的尝试，从一些边缘性视角和问题出发对哲学史进行解构。在一个微观、解构以及潜意识占据主导地位的时代，列维纳斯仿佛金庸小说中的玄门正宗，仍然从传统的哲学史和哲学家出发，遍历两千年哲学史的重要经典，重新激活古老的哲学问题，在哲学史的长河之中与那些最为重要的哲学家搏斗，同时以他者、无限、超越和总体等重要概念为哲学史划定界限。

在我看来，哲学史上真正能够留下自己姓名的哲学家，都带有某种界碑式的意义，也就是说，自其出现之后，以其为分界线，哲学史就能一分为二，被分为不同的时代。这当然对哲学家提出了非常高的要求，不仅需要他有自己独特的概念，还需要有与这些概念相关的概念群。由这些概念所构成的概念网络就能提供一套独属于这位哲学家，并对人生与世界提出有说服力想法的思想。同时，这一套概念体系还需要具有向前向后辐射和解释其他哲学家的能力。而列维纳斯，恐怕就是20世纪后半叶的法国哲学家中仅有的两位能够真正提出自己的概念，并以这一概念为核心构筑起一套概念系统，提出完全不同于以往的哲学思想的哲学家。也正是在此意义上，我愿将列维纳斯视为20世纪下半叶欧陆哲学中最重要的两个哲学家和形而上学家之一，没有之三。

众所周知，"他者"在西方哲学史上，尤其是近代以来，一直是一个较为重要的概念，比如，在黑格尔的思想中，他者就一直作为与同一相对立的概念出现。然而，将他者视为哲学中最重要的概念，并以此为基础重新理解形而上学，却是从列维纳斯开始的。

与之相应，我们会看到，自哲学诞生以来，在同一与他者这对概念之中，同一一直占有天然的优先地位。巴门尼德以降，西方哲学就将对一和同一的追求视为形而上学的根本追求，这种追求同样也影响了神学中对神本身的理解，哪怕再曲折，也要将"三位"统一到"一体"当中。这种试图以某一个概念或观念来统一所有思想的倾向，就被列维纳斯视为一种"总体性"（Totality）的思想。在这一总体性的思想框架之中，他者虽然在哲学史上屡屡出现，差异化也并非一个无关紧要的概念，但无论如何，他者总是处于一种从属的地位，有待在对立统一的结构里被合并到同一性的进程之中。

列维纳斯本人的工作，就是要将他者从这种总体性的思想中解放出来，赋予他者一个独立且相对于总体而言更为优先的地位。由此，列维纳斯将他者与"无限"联系了起来。

对无限的思考在哲学史上由来已久。然而，哲学史对无限的思考实际上大多数时候都包含着某种恐惧的情绪，这当然与深深植根于人心中对陌生性和未知性的恐惧有关。因此，从巴门尼德到黑格尔，人们总是尝试着将无限理解为某种循环的圆球，并将这种循环的在其自身之中的无限称为真无限，由此将无限与实现（energia）联系起来。这实际上取消了无限以及包含于其中的可能性，同时也与前述的总体性联系了起来。然而，在列维纳斯看来，无限就是无限，无限自身是超越性的，尤其超越于人的意识和理性之外，无法被同一者把握或理解，总是远远超出同一者之外，也因此在总体性的结构中打开了一个缺口。

对列维纳斯来说，他者就是无限的。主体或者自我奠基于这一无限性中，是一个"欲望"着他者却永远无法达到他者的主体，这种自我（主体）和他者之间的关系又被列维纳斯称为"分离"（separation）。对分离的强调尤其可以体现出列维纳斯相对于之前的传统哲学及现象学的转折性意义。

在列维纳斯看来，自我如果仍然能够理解或把握他人，那就意味着他人仍在我的范围之内，被自我的同心圆结构局限。这种他人不成其为"他"人，毋宁是自我的一部分。因此，就理性和意识层面而言，他人完全超越于我、外在于我，并与我分离。毫无疑问，这是对现象学意向性结构的颠覆性理解。

一个超越于我、外在于我并与我分离的无限性的他者，对于有限的自我来说显然是压倒性的优先，因此意向性结构之中更优先的不是自我朝向意向相关项的意向行为，而是异于自我的他者对自我的他异性触发。换言之，在自我与他人、同一与他者的关系中，列维纳斯颠倒了漫长哲学史中占据统治地位的自我对于他人的优先性，以及主体一侧主动性的优先性，而将优先地位赋予了他者与他人，站在他异性的位置，将自我视为一个首先是被动性的主体。

同时，在列维纳斯看来，自我与他人的分离意味着自我与他人不再包含任何理论意义上的"相关性"（correlation），这无疑是对自近代以来的关系主义的批评。但这当然不代表自我与他人就完全没有了关系，只不过是将这一关系从传统的理性主义的意识结构转换到了一种身体性的亲近之中。由此，列维纳斯的思想中也同时包含着感性、身体性相对于理性和意识的优先性，这同样是颠覆性的。

也正是由于这种对他人、他者、他异性以及感性、身体的强调，从列维纳斯的视角来看，那种围绕着同一、总体和透明且普遍的理性建立起来的传统形而上学就应当被一种以他者、无限和不透明的身体（面容）为核心的伦理学取代。因此，列维纳斯认为，伦理学才是第一哲学。

我们会发现，从列维纳斯对总体性的批判，到对无限性、超越性和外在性的强调，以及在此基础上对相关性的批评和对身体性的看重，都可以很明显地看出他对差异（分离）本身的强调。这种对差异的重视无疑接续了海德格尔以存在论差异开启的差异性的哲学。相比海德格尔，列维纳斯对他人的发掘与突出，又使得他成为海德格尔之后整个20世纪欧陆哲学当中真正走出了海德格尔的思想氛围，并开创自己独有哲学思考的少数几人之一。

也正是因此，列维纳斯才能上承柏格森、胡塞尔、海德格尔、罗森茨威格，下启德里达、马里翁、阿甘本、梅亚苏以及希拉里·普特南、齐格蒙特·鲍曼等人，在20世纪下半叶创造出有法国特色的现象学，开启了现象学的神学与伦理学转向，同时也重新激活了一种源初的伦理经验。那么，接下来的问题便是，本书在列维纳斯这一时期的著作中处于什么地位？

三

　　西蒙·克里奇利（Simon Critchley）在为《剑桥列维纳斯指南》（*The Cambridge Companion to Levinas*）撰写的前言中认为，列维纳斯在20世纪70年代以后影响日益增大，有三个主题扮演了重要的角色，分别是伦理学、现象学和宗教。本书标题中的三个概念，即上半部分讨论的死亡和时间，以及下半部分讨论的上帝，正好对应了这三个主题。这三个看似相对独立松散的问题，实际上在现当代哲学中有着十分紧密的联系。

　　我们大致可以断言，对于19世纪后半叶之前的大部分哲学家来说，死亡和时间并不是最为重要的问题。加缪的名言"死亡是唯一重要的哲学问题"，大概只针对19世纪后半叶以降的哲学才成立。这当然与科技日益昌明之后世界本身的祛魅相关，人对彼岸世界的存在越来越持有怀疑态度。与之相伴，人生此世的重要性和独特性就日益得到彰显。

　　而由死亡所揭示的人的有限性，也使时间获得了一种不同于以往的意义。不死与永恒实际上就意味着没有时间，或不在时间之中，唯当一物有限，才有所谓的时间。因此，在19世纪以降尤其是20世纪以来的哲学中，时间总是与有限性纠缠在一起。但人之为人，总有某种超出自身，超出有限性，去撞击有限性边界的欲求。这种对超出自身有限性的欲望和追求，就会使人转向对超越性的探寻。在许多文明之中，这种对超越性的追求就发展成一种关于神圣性的经验。因此，上帝这一关于超越性经验的名称，就成了与死亡和时间问题相伴相生的重要主题。

很明显，将死亡和时间问题关联起来研究的做法，在20世纪的哲学家中，以海德格尔最为知名。因此，本书第一部分对死亡和时间的讨论，有大量的篇幅都是在回应海德格尔在《存在与时间》中对这些问题的讨论。在课程的前面几讲，列维纳斯甚至花了大量时间讲解海德格尔的基本思想。

我们会看到，海德格尔在《存在与时间》中对死亡和时间的论述基本是从第一人称视角出发，以一个"向来我属"的此在的视角展开其对自身有限性、死亡和整体生存的理解。简言之，此在在对其自身有限性的理解中意识到了生存本身的偶然性和无根据，又在这种无根据的境况中直面了自己的整全生存，由此，此在得以从日常的生存结构中超越出来，决断进入本真的生存。海德格尔所描述的此在的在世存在的整个结构，几乎都是以作为主体（并非传统哲学意义上的主体）的此在为核心，虽然在具体的描述过程中，也会有用具和他人的出场，但《存在与时间》里的用具和他人仍然以此在为目的，服务于此在自身的生存。十分有趣的是，此在与其他此在的遭遇在《存在与时间》上半部分的描述中甚至要经由用具为中介才得以可能。

对列维纳斯来说，这里有一个显而易见的问题。那就是，无人能够经验自己的死亡。经验自己死亡的个体要么无法传达这种经验，要么就没真死。因此，人不可能对死亡有所谓的"经验"。死亡对于人来说，构成了绝对的界限，是一个绝对陌生性的维度。因此，在列维纳斯看来，人对死亡的了解总是从他人之死开始的。

如果我们接受列维纳斯的这一看法，那么，对于死亡和时间的所有理解都将发生翻天覆地的变化。对每个人来说，对死亡的把握都是从他人之死（也可以是其他有生命物）开始的，对有限性和时间的理解也都是建立在对他人的有限性的把握基础之上。因而，人或者自我对自身的理解在一开始就已经包含了一个他者的维度，我们总是从对一个异于自己的他者的遭遇中开始真正了解自己。"如果没有与他人的关系，没有他人面容上的问号，就不可能向自己提问，也就不可能有著名的灵魂与自身的对话。"（参见本书"总结：再次提问"一节）

这种对时间的理解，当然不是线性时间观念中均质化流淌的时间，也不仅仅是有限性的时间性观念。哪怕是海德格尔建立在自身有限性基础上对时间的理解，哪怕在这种时间性结构中最重要的不是当下的无限延伸，而是从将来而来对当下的筹划，这种时间性结构在列维纳斯看来也仍然是在自身之中的，是同一性，也就是共时性（synchronie）的。

真正的时间性结构，在列维纳斯看来则是异时性（diachronie）的，这种异时性以无限而独特的个体的有限性为基础。因此，列维纳斯认为，海德格尔实际上并未真正将死亡纳入对时间的理解之中，死亡在海德格尔那里起到的是主体自身的界限的作用，但对时间的异时性的发掘则可以将每一个体的死亡作为差异化的时间中的一个又一个节点接入其中。这种对他人之死与异时性的理解，自然就将一种无限和超越的经验引入了思考之中。对这种无限和超越的经验便是对神圣性的经验。

在本书第二部分的课程中，列维纳斯对上帝或神圣性问题的切入也是从海德格尔对存在论神学的批评开始的，他基本全盘赞同海德格尔对存在论神学的批评。列维纳斯也认为，正是因为传统形而上学和神学的合流，西方思想才会将偶像化、实体化和客观化的上帝当作一种经典形象。列维纳斯在这门课程中要思考的一个重要问题便是："是否能在存在论神学之外思考上帝？"

对列维纳斯而言，关于神圣性的经验总是与他人的无限联系在一起，神圣性就显现在复数他人肉身性的面容之中。自我在与他人遭遇的过程中，意识到我们透过他人的面容无法将他人作为一个与我同一的主体构造起来。这种对他人的理解很明显受到了胡塞尔关于他人构造问题的看法的影响，但相较胡塞尔，不同的是，列维纳斯将这种无法被构造和理解的复数他人视为无限和神圣性的显现方式，并赋予其优先地位。同时，他削弱了"看"这一对传统而言更为重要的勾连起自我与他人关系的方式，而将"听"和"说"提到了更为重要的位置。

更为彻底的是，列维纳斯认为，他人之关涉或萦绕于我，在我成为我之前，就已经作为时间的史前史，作为某种前提条件沉淀在了自我之中。因此，这种他人作为我的构成性条件的结构就被列维纳斯称为责任，而神圣性就显现在这种责任之中。我与上帝的照面因此就不发生在存在论的结构之中，而是在自我与他人的伦理生存之中。上帝或神圣性的经验也就不会被纳入存在论的总体之中，而能保持其自身的超越性、差异性和无限性。

综上，我们已经看到，本书十分完整地揭示了列维纳斯如何走出海德格尔式的存在论思想，由对上帝、死亡和时间的思考开启一种别于存在的伦理学形而上学。同时，除了关于海德格尔的部分，读者也能从本书中十分清楚地看到列维纳斯诸多思想的来源，上至柏拉图、笛卡尔、康德和黑格尔，下及胡塞尔、柏格森、罗森茨威格、布洛赫等，都可以在这两门课程的课堂讲授中见到他们的身影。列维纳斯一生中的诸多重要主题，比如前述的总体、他者、他人和无限，以及在《别于存在》中得到着重阐释的责任、替代、人质、言说与所说等，都是这两门课程中频繁被提及并加以详细解说的概念。同时，由于本书的课程讲稿性质，其行文风格相比于列维纳斯的其他专著而言，实在是对读者友好太多。这也使得本书堪称

"速通"列维纳斯思想非常好的入门之作。

四

今年（2025年）是列维纳斯去世30周年。自上世纪60年代以来，列维纳斯在世界范围内的影响力日盛一日。德里达在列维纳斯去世时的悼词中曾言："我们可以十分自信地预言，未来几个世纪的解释都将把这一行为设定为它们的任务。在法国甚至欧洲之外的众多著作和多种语言中，在所有的转译文本中，在那些课程、研讨班、学术会议中，我们已经看到，无以数计的符号表明，这一思想的往复震荡将会改变我们时代的哲学反思。"这本书的翻译也可以看作是对德里达说法的确证。本书的第一个译本出版于1997年，距今已有28年。彼时中文世界的列维纳斯研究尚在萌芽，在知网上以"列维纳斯"、"莱维纳斯"和"勒维纳斯"为主题分别进行搜索，2000年之前的论文只有三篇，其中杜小真老师的文章专门介绍了列维纳斯，题为《勒维纳斯是谁？》，其他两篇则分别在介绍德里达和神秘主义问题时顺便提及列维纳斯。历经28年的发展，今天中文世界的列维纳斯翻译和研究都已经有了长足的进展，仅2024年一年，在知网上就能搜索到59篇以列维纳斯为主题的论文。本文中提到的列维纳斯最重要的著作，今天都已经有了严肃认真的中译本，中文版的《列维纳斯文集》也在有序翻译与出版中，关于列维纳斯的学位论文、研究论文和专著每年都在大量出版。本书的翻译毫无疑问也受惠于几十年来列维纳斯研究的不断进步。

本书的翻译依据格拉塞出版社（Les Éditions Grasset）1993年版译出，在翻译的过程中，译者参考了余中先先生的译本和英译本，书中术语概念的翻译，则主要参考了余中先译本和朱刚老师《总体与无限》中译本的译名。在此谨表感谢！本书翻译过程中得到了许多朋友的大力帮助和支持，在此我要感谢雷思温、韩骁、刘万瑚、吴功青、孙帅、冯嘉荟、尚静、贺晴川，他们就诸多概念和语句的翻译给我提出了许多建议，同时也要感谢孟琢形式多样的鼓励。最后要感谢三联书店的编辑钟韵和王萱婕两位女士，她们就文本的翻译提出了许多宝贵的建议，其认真、高效且负责的态度令人感动！当然，考虑到列维纳斯哲学思想的复杂性，尤其是本书作为课堂讲稿，有大量口语化的表述，更是增加了翻译的难度，译稿之中肯定有许多错漏不足之处，其文责在我，还请读者朋友不吝指教。

文　晗

2025 年 6 月 24 日

告读者

雅克·罗朗

我们在此阅读的文本再现了伊曼努尔·列维纳斯在1975—1976学年讲授的两门课程的内容，这是他在索邦大学的最后一次常规授课。其中一门课的时间是每周五上午10:00至11:00，另一门课的时间是每周五中午12:00至下午1:00。课程在时间上的接近就像是它们在哲学上的接近的具体化。在此，我想说几句，其中有一些将在本卷的后记中再次提到并得到解释。

这两门课程的相近之处在于，尽管其中一门选择了死亡与时间这一交叉主题，而另一门则对上帝之名这一"过度之词"（mot démesuré）提出了质疑，但它们都是在哲学家解释其思想核心问题的背景下进行的：被理解为一种伦理关系的人际间（inter-humaine）关系。正是在此基础上，我们刚才提到的三个概念成了作者作品中的一个问题，并决定了这两门系列课程中话语的发展。换句话说，虽然这一作品并不是由哲学家所撰写，但它们可以而且必须被视为其作品的组成部分。顺便可以指出的是，它们属于《总体与无限》（Totalité et Infini，1961）出版后所开启的风格（在画家的意义上），并在锐利而勇敢的《别于存在，或在本质之外》（Autrement qu'être, ou au-delà de l'essence，1974）（以下简称《别于存在》）以及许多短文中找到了其最震撼人心的哲学表达，这些短文大多收录在《论来到观念的上帝》（De Dieu qui vient à l'idée，1982）

中。[1]读者有权知道（正如莫里斯·布朗肖［Maurice Blanchot］所说，这是一个方法论上的问题），这些课程应该与这一时期的文本密切联系起来加以研究。

这两门课程值得研究，在这一点上，让我们稍作停顿。首先，我们要强调的是，在这个版本中，我们尽了一切努力来保留这些课程的特点（提及日期、课程与课程之间的重复、偶尔的概括、摘要和题外话，以及在"上帝与存在-神-逻辑学"这门课中，对问题不厌其烦的重复），因为它们构成了列维纳斯教授哲学教学中难得的踪迹（traces）之一。然而，不要想象这种"口头教导"包含任何根本的新意，就像我们怀疑柏拉图的口头"秘传"学说不同于传统传给我们的"外传"学说那样。不，列维纳斯的情况更接近于胡塞尔。列维纳斯认为，未发表的材料与已发表的作品相比没有任何新的贡献。[2]但我们不要忘记，在前述书籍和文章中出现的思想，在这里也能找到。换句话说，当我们面对一位如此关注语言问题和语言奇观的思想家时，[3]这一点就不会显得无关紧要。事实上，当

———————

〔1〕 在我看来，雅克·德里达是列维纳斯的第一位读者，就像列维纳斯是胡塞尔的第一位读者一样（见第259页），他的洞察力和哲学敏锐性似乎并没有弄错这个转折点的性质和重要性，而这个转折点是在《总体与无限》出版后不久开始的。我愿意将那篇名文《暴力与形而上学：论伊曼努尔·列维纳斯的思想》（发表于1964年的 *Revue de métaphysique et de morale* 第3期和第4期）第一个注释的最后一些话看作证据，至少也是标志："这篇文章写成时，恰逢列维纳斯两篇重要作品问世：《他人的印迹》（*Tijdschrift voor Filosofie*, Sept. 1963）；以及《涵义与意义》（*Revue de métaphysique et morale*, 1962, no. 2）。" 译注：德里达此文的中译参见雅克·德里达：《书写与差异》，张宁译，北京：中国人民大学出版社，2022年，第131页。

〔2〕 这里使用的"新的"一词是在列维纳斯的意义上使用的：它指传统完全不知道的东西，超出预期的东西，甚至连想法都没有。

〔3〕 第二门课程的每一行几乎都在提语言问题，理查德·A.科恩在他翻译的《时间与他者》的英译本序言中说，语言是《别于存在》一书中所有问题的基础要素，这是对的（见 *Time and the Other*, Pittsburg, Duquesne University Press, 1987）。至于说母语，且不提希伯来语、俄语或德语，我只想说，（转下页）

我们想到海德格尔时，这可能会让人感到惊讶，因为在他那里，当我们回想起一个标题时，要区分那是文章还是演讲是很困难的，也许最终也是无用的。

换句话说，这一点显得尤为重要。在读者开始阅读本书之前，有必要解释一下这两门课程之间的区别，它们看起来如此接近，以至于有时似乎是在竞争。每门课程都提出、重申和重复"他者"的问题，将其作为"我"面对"他者"的问题，这正是作品的核心。但是，第一门课程这样做是为了阐明死亡和时间这两个概念，这些概念的严酷性在它们成为概念的那一刻就被软化了，因为哲学掌握了这些概念。然后在黑格尔那里，尤其是在海德格尔那里，这些概念又重新成为首要问题，迫使一些人去思考。与列维纳斯不同，海德格尔主义者不承认如克尔凯郭尔、罗森茨威格、布伯、柏格森和其他一些人是哲学家。这就是为什么大部分课程采取与哲学传统对话的形式，也就是说，以第一人称与哲学家对话，他们各自以自己的（名字）受到欢迎。这在列维纳斯这里是一个特例，作为教授，他基本上是在教哲学史，但作为作者，他暗示在这一历史中并没有与他的伙伴们的"对话"（用第二门课程中一个令人惊讶的说法）。¹⁰ 第二门课程的重点是一个独特的概念，独一无二的卓越概念！对于整个哲学而言，它是所有概念中最高的概念：上帝。海德格尔再次证明，这个概念分散了思想的注意力，使其偏离了应有的任务及

（接上页）梅洛-庞蒂在《符号》中的一段话写的仿佛就是列维纳斯与法语的关系："这就好像它（语言）是为他（作者）而被构成，而他也为了它已经被构成了，仿佛他通过学习语言已经致力于的说话的任务比其心脏的跳动更名正言顺地属于他自己，仿佛制度化的语言同他一道呼唤他的诸多可能之一的实存。"（Paris, Gallimard, 1960, p. 99.中译参见梅洛-庞蒂：《符号》，张尧均、杨大春译，北京：商务印书馆，2023年，107页）如何还能说出更好的《别于存在》的语言！

其真正的家园。上帝是卓越的存在者，但祂的存在程度遮蔽了存在以及存在所包含的问题；按照古典或传统的称谓，祂是最高存在者（summun ens），但祂以其至高无上，压碎并冒犯（offusque）了存在（esse），或者εἶναι——当然，列维纳斯回答道。但问题是：在这场游戏中谁输了？是存在还是上帝？如果说海德格尔坚持证明第一种答案是正确的，那么列维纳斯则试图质问第二种可能性。在某种意义上，他是一位先驱者；因为，如果说哲学曾有过某些"闪亮的瞬间"（instants d'éclair）（这一说法参见《别于存在》第10页），*上帝像谜一样在这些瞬间闪烁，那么源于希腊的哲学则首先试图背叛上帝，把祂当作一个**基础**——把祂当作**那**基础。因此，第二门课程并没有采取对话或交谈的形式，而是像列维纳斯在他的"书写教学"中所做的那样，以哲学史为指向，孤独地首先展现或寻求阐明这个独一无二的问题。独一无二者与独一无二者面对面！

　　这也解释了，为什么两门课程需要本质上不同的注释。就第一门课程而言，主要是确定列维纳斯与之进行无尽对话的思想家们的话语，并为其定位——以便以他们的文字和名字将其还给他们。就第二门课程而言，首先是要明确说明这种耐心的思维练习和追问的某些纽带、转折、停顿和闪光。我们必须再次提醒读者（为了语文学上的诚实，我们可以想到尼采，或者也可以事后诸葛亮［avec l'esprit de l'escalier］地想到格舒姆·肖勒姆［Gershom Scholem］），

11 这种追问是列维纳斯整个文集中最具冒险精神、难度最大的一篇文章《上帝与哲学》[4]的另一种说法。

---

［4］　1975年发表于《新商业》（*Le Nouveau Commerce*），后收入《论来到观念的上帝》（*De Dieu qui vient à l'idée*, Paris, Vrin, 1982）。

*　　翻译参照中译本，参见列维纳斯：《另外于是，或在超过其所是之处》，伍晓明译，北京：北京大学出版社，2019年，第33页。下同。——译注

最后，对于从列维纳斯那里学到了什么叫"专名"（nom propre）的人来说，十分有必要说明的是，这部著作之所以能够完成，多亏了几位朋友，他们借给我笔记，有时还要调动自己的记忆，并在我需要的时候给予帮助和建议。我要面对面感谢他们所有人：阿兰·大卫（Alain David）、哈里塔·瓦拉瓦尼迪-威布朗（Harita Valavanidis-Wybrands）、弗朗西斯·威布朗（Francis Wybrands）、玛尔莱娜·扎拉德尔（Marlène Zarader）。

死亡与时间

最初的问题

1975年11月7日星期五

首先，这是一门关于时间——时间的绵延（durée）——的课 *15*
程。选择"绵延"一词有几个原因：

– 它表明，我们在此不会提出"这是什么"的问题。同样，在
《存在与时间》之前的一次未发表的演讲中，[1]海德格尔说，我们不
能问"时间是什么"这样的问题，因为那样的话，我们就会立即把
时间假定为存在者。

– 在时间的被动性中没有行动，而时间的被动性就是忍耐
（patience）本身（这是相对于意向性方法而说的）。

– 这个词避免了波动和流动的概念，因为波动和流动会让人
联想到液态物质，并预示着测量时间的可能性（测量的时间，或
者时钟的时间，不是本真的［anthentique］时间）。如同时间化
（Temporalisation-Zeitigung），"绵延"一词避免了所有这些误解，并
且避免了时间流逝与时间本身之间的混淆。

– 它是一个首先希望时间留有自身方式的术语。

---

[1] 这个1924年的演讲有一个法文译本，《时间概念》，随后发表在 *Cahier de
l'Herne* 的海德格尔专号上（n°45, rééd. Le Livre de Poche "Biblio/essais", pp. 33-
54）；译文出自哈尔（Haar）和B.德·劳尼（B. de Launay）。

16 在时间的绵延中——其意义可能不应牵涉存在—虚无的对立，并将其作为理性、所有理性和所有思想、所有人类的最终参考——死亡是时间保持其所有忍耐的一个节点，在其中，期待拒绝了期待的意向性——如同俗语所说，是"忍耐和时间的长度"，这种忍耐是对被动性的强调。这门课程的方向由此而来：作为时间之忍耐的死亡。

在时间的视角中寻求死亡（时间并非被思考为存在的视域，存在的本质）[2]并不意味着一种向死存在（Sein zum Tode）的哲学。因此，它与海德格尔的思想有所不同，无论当代任何一位研究者对海德格尔的债务如何——一种经常使人感到遗憾的欠债。但是，如果被当作面对虚无的同义词的向死存在，似乎并没有确切地将死亡置于时间中，拒绝将时间和死亡与存在联系起来，这并不意味着轻易地求助于永生。死亡：一种不可逆转的现象（参见扬凯列维奇[Jankélévitch][3]的著作，从第一段开始，我就知道，我将不得不经历自己的死亡）。

17 但死亡带来的究竟是虚无还是陌生？濒临死亡是否可归结为

---

〔2〕 "我们把 essence 写成 essance，以凸显存在一词的动词性意义：存在的实现，那与 Seiendes 区别开的 Sein。"（*De Dieu qui vient à l'idée*, Paris, Vrin, 1982, p. 78n）在《别于存在》（*Autrement qu'être, ou au-delà de l'essence*, La Haye, M. Nijhoff, 1974）的"初注"中，其词义学和拼写学上还不那么大胆，但思想却是相同的："在本书入口之处，为了使其话语乃至标题本身得到理解，有必要用一个注释来强调那将会在本书中心之处被经常重复者：essence 在此表达着不同于 étant（存在者）的 être（存在），即德语中区别于 Seiendes 的 Sein，拉丁语中有别于经院哲学之 ens 的 esse。但我们还未敢按照这一语言的历史本会要求我们的那样，把它写成 essance，其中来自 antia 或 entia 的后缀 ance 产生出表示着活动的抽象名词。"（第Ⅸ页，中译本第1页）我们注意到，但只是出于好奇，在该著作中，我们发现 essance 这种写法一次（同上书，第81页）。当然，这只是出于好奇，因为这显然是一个排印错误！

〔3〕 Vladimir Jankélévitch, *La Mort*, Paris: Flammarion, 1966.

4

"存在—虚无"的存在论困境？这就是在此提出的问题。将死亡还原为"存在—虚无"的两难境地，这是一种颠倒的教条主义，无论整整一代人对灵魂不朽的积极教条主义抱有何种不信任的情绪，这种教条主义仍被认为是最甜美的"人民的鸦片"。

关于死亡和临终以及它们不可避免的到来，我们所能说和思考的一切，乍看之下似乎都只能来自二手经验。我们通过传闻或经验知道。我们对此所知的一切都来自用来命名和陈述命题的语言，它们表达了一些命题：一些共通的、通俗的、诗意的或宗教的言辞。

这种知识来自经验和观察他人，来自他作为临终者和终有一死者的行为，来自他们对自己将死的知晓，也来自他们对死亡的遗忘（这里并不是消遣：有一种并非消遣的对死亡的遗忘）。死亡是否可以与他人的关系分离？死亡的否定特征（毁灭）体现在仇恨或杀戮欲望中。我们通过与他人的关系来思考死亡的否定性。

我们通过常识或科学知识获得这种认识。死亡是生命体内表现出来的那些使它们显得活生生的表达性运动的消失，这些运动总是某种**回应**。死亡首先会触碰到这些运动的自主性或表现性，这些运动甚至会覆盖人们的面容（visage）。死亡是**无回应**的。这些运动掩盖、渗透了植物性运动。死亡揭示了被掩盖的东西，并将其提供给医学检查。

根据语言和对他人之垂死的观察来理解，垂死意味着这些运动的停止，意味着一个人被还原为某种可分解的东西——一种固定化。这里没有转变，只有毁灭，是一种存在的终结，是作为意义的许多运动的停止（见《斐多》中苏格拉底之死，117e-118a[4]）。一 *18*

───────

〔4〕 在这两门课程中，柏拉图的语录都出自罗宾（L. Robin）的译本，*Bibli, de la Pléiade*, Paris, Gallimard, 1950。

种主宰一切的存在方式（面容）的毁灭，超越了物质的客观残留，即使在这些物质分解和消散之后也依然存在。死亡似乎是从存在到不再存在的过程，被理解为一种逻辑运算——否定——的结果。

但同时，死亡也是出发（départ）：它是去世（décès）（然而，在这种出发的观念中，否定性依然存在）。向陌生出发，不归的出发，"不留地址"的出发。死亡——他人的死亡——离不开这种戏剧性；它是一种卓越的情绪，一种卓越的触发。在此意义上，请看《斐多》开头和结尾对苏格拉底之死的召唤。与那些在死亡中找到一切希望理由的人不同，有些人（阿波罗多洛斯，"女人们"）则号啕大哭，哭得毫无节制：仿佛人性不是以节制的方式耗尽的，仿佛死亡是多余的。这是一个简单的段落，一个简单的出发，却产生了与任何安慰的努力背道而驰的情感。

我与死亡的关系并不局限于这种二手知识。在海德格尔（请看《存在与时间》）看来，死亡是卓越的（par excellence）确定性。存在着一种先天的死亡。海德格尔认为，死亡是确定的，以至于在这种死亡的确定性中看到了确定性本身的起源，他拒绝让这种确定性来自他人的死亡经验。

然而，并不能确定死亡是否可以说是确定的，也不能确定死亡是否具有毁灭的意义。我与死亡的关系也是由知道他人死亡所带来的情感和思想上的回响所构成的。但这种关系与任何二手经验都是不相称的。因此，问题在于：与死亡的关系、死亡冲击我们生活的方式、死亡对我们生存的时间绵延的影响、死亡对时间的侵入，或者，死亡在时间之外的爆发——这些都在恐惧或畏（l'angoisse）中被感知到了——是否仍然可以被知识所吸收（assimilable），从而被经验、启示所吸收？

不可能将死亡还原为一种经验，不可能经验死亡，不可能在生与死之间发生接触的这些不言而喻的情况，难道不正意味着一种比创伤更被动（passive）的情感吗？仿佛在震惊之外还有一种被动性。裂变比在场更为触动我们，比先天更先天。终有一死作为时间的一种模式，无论多么被动，都不能被简化为期待，这种模式不可被还原为某种经验和对虚无的理解。我们不能太快地认定，唯一值得恐惧的是虚无，就像哲学中所说的那样，人是去存在的存在者，是坚持存在的，而不问我们自己恐惧和害怕的是什么。

在这里，死亡具有与死亡经验不同的意义。这种意义来自他人的死亡，来自与我们相关的事物。没有经验却又令人恐惧的死亡，难道不意味着时间的结构不是意向性的，不是由作为经验形式的前摄和滞留构成的吗？

我们对死亡有何认识？

1975 年 11 月 14 日星期五

20 　　我们对死亡了解多少，什么是死亡？根据经验，它是行为的停止，是表达性运动和被表达性运动所笼罩、所掩盖的运动或生理过程的停止，这形成了显现自身的"某物"，或者显现自身的"某人"，或者比显现自身做得更好：表达自身。这种表达不仅仅是展示（monstration），也不仅仅是显现（manifestation）。

　　疾病已经是这些表达运动和生物运动之间的分隔，已经是对药物的呼唤。人的生命是生理运动的外衣：它是体面。它是一种"隐藏"、一种"装扮"——同时也是一种"裸露"，因为它是一种"关联"（在展示、装扮和关联之间有一个明显的渐变）。死亡是一种不可救药的偏离：生物运动失去了对意义和表达的所有依赖。死亡是分解，是无回应。

　　正是通过这种行为的表达能力——它装扮了生物体，并使其超越了所有的裸露，甚至变成了一张面容——某个人才表达了他自己，一个非我之他人，一个与我不同的人，一个表达了他自己的人，一个对我无动于衷的人，一个承载着我的人。

21 　　死去的人：面容变成了面具。表情消失了。非我之死亡的经验是对某人死亡的"经验"，这个人从一开始就超越了生物学过程，他以某人的身份与我联系在一起。

　　灵魂，作为某种实体化的东西，在现象学上，是在未被物化的

8

面容中展现出来的，在表达中，在这种显现中，有着某人的骨架和特点。笛卡尔通过在船舱内的舵手的形象所抗议的实体化的东西，[*] 莱布尼茨将其视为单子，柏拉图将其视为审视理念的灵魂，斯宾诺莎将其视为思维的样态，从现象学的角度来描述，就是面容。没有这种现象学，人们就会倾向于实体化灵魂。这里提出的问题不是存在还是不存在的问题，而是在这个问题之前的问题。

某人的死亡，不像乍看起来那样，是一个实际性的经验论（une facticité empirique）（死亡作为一个经验事实，其普遍性只能通过归纳法来暗示）；它并没有在这种显现中被穷尽。

一个在裸露——面容——中来表达自己的人，就是一个向我求助，把自己置于我的责任之下的人：从一开始，我就必须为他负责。他人的所有姿态都是向我发出的信号。重复一下上面的分级：显现自身、表达自身、结合自身、信任于我。他人的自我表达是对我的托付（不存在对他人的亏欠——因为这是无法偿还的：你永远不会扯平）。我对他人的责任使我个体化。他人的死亡影响着我作为一个负责任的自我的身份——一种非实体的身份，不仅仅是各种认同行为的一致性，而是一种由难以言表的责任构成的身份。这就是我对他人死亡的感情，我与他人死亡的关系。在我的关系中，这是我对一个无法再回应的人的尊重，已经是一种负罪感——幸存者的负罪感。

这种关系被简化为一种二手经验，借口是它不具有同一性，实际经验与其自身不相符合，它只是在外部形式中被具体化了。这就假定了同一（Même）与自身的同一性（l'identité）是一切意义的源

*　参见笛卡尔《第一哲学沉思集》的第六个沉思。笛卡尔：《第一哲学沉思集》，庞景仁译，北京：商务印书馆，1986年，第85页。——译注

泉。但是，与他人的关系以及与他人死亡的关系难道不是应该追溯到另一种意义之源吗？死亡，作为他人的死亡，影响着我作为自我（Moi）的同一性；它在与同一（Même）的破裂、与自我（Moi）的破裂、与自我中的同一的破裂中具有意义。因此，我与他人死亡的关系既不是二手知识，也不是对死亡的特权体验。

在《存在与时间》一书中，海德格尔将死亡视为卓越的确定性、确定的可能性，并将死亡的意义限定为毁灭。确定性（Gewissheit）——死亡中本己的、非异己的东西，死亡中本真的（eigentlich）的东西。死亡的确定性是如此地确定（Gewissheit），以至于它是一切良知（Gewissen）的起源（见第52节）。

这里提出的问题如下：与他人死亡的关系难道没有传递出它的意义，难道它没有通过面对他人死亡时的感触和害怕（redouté）来表达自己吗？通过欲求（conatus，或译努力）、通过在我的存在中坚持、通过将其与笼罩在我的存在中的威胁——这种威胁被视为情感的唯一来源——进行比较，来衡量这种畏，这样做是正确的吗？在海德格尔看来，一切情感性的源泉都是畏，是对存在的畏（怕从属于畏，是畏的变样）。因此问题在于：怕是衍生物吗？与死亡的关系被认为是在时间中对虚无的经验。在这里，我们在寻找意义的其他维度，既为了时间的意义，也为了死亡的意义。

这并不是质疑与他人死亡之间关系的消极方面（仇恨已经是一种否定）。但死亡事件超出了它似乎要实现的意向（l'intention）。死亡昭示着一种令人惊讶的意义——就好像毁灭可以带来一种不局限于虚无的意义。

死亡是面容的活动性的不动化，而面容是否定死亡的；是话语与其否定之间的斗争（见《斐多》中对苏格拉底之死的描述），是死亡证实其否定力量的斗争（见苏格拉底的遗言）。死亡既是治愈，也是无能；这种模糊性（ambiguïté）或许表明了一种不同的意义维度，不同于以存在/非存在的替代方式来思考死亡的维度。模糊性：谜（énigme）。

死亡是一种出发，一种去世，一种终点未知的否定性。那么，我们是否应该把死亡视为一个具有不确定性的问题，以至于不能说它是根据已知条件提出的问题？死亡是一个没有回归的出发，一个没有已知条件的问题，一个纯粹的问号。

苏格拉底是《斐多》中唯一一个完全幸福的人，他被要求断言存在的万能，一个戏剧性的事件发生了，死亡的景象令人难以忍受——或者说只有男性才能忍受，这一切都凸显了他人死亡的戏剧性。死亡是一桩丑闻，是一场危机，即使在《斐多》中也是如此。这种危机和丑闻可以简化为某人遭受的毁灭吗？在《斐多》中，少了一个人物，那就是柏拉图。他没有站队，而是弃权（abstenu）。这进一步增加了模糊性。

死亡难道不是时间之流中存在—虚无辩证法之外的东西吗？终结，否定，是否耗尽了他人的死亡？终结只是死亡的瞬间——这瞬间的另一面不是意识或理解，而是疑问。一个有别于所有作为问题的问题。

与他人死亡的关系，外在的关系，涉及一种内在性（然而，这种内在性并不归结为经验）。与我的死亡的关系是否会有所不同呢？在哲学中，与我的死亡的关系被描述为畏，并回归于对虚无的理解。因此，在与我的死亡的关系这一问题中，理解的结构得以保留。意向性保留了同一者的同一性，它本身就是一种思维，一种以被给予之物的表象为模式而构想的思维，一种意向行为-意向相关项（noético-noématique）的关联。但是，被死亡所引起的感情（l'affection）是一种触发性（affectivité），是一种被动性，是一种不在场者对在场者的触发，比任何亲密关系都要亲密，以至于是一种分裂（fission），是一种比任何先天关系都要古老的后天关系，是一种无法被还原为经验的无可追忆的异时性。

与死亡的关系，比任何经验都要古老，既不是存在也不是虚无的景象（vision）。

意向性不是人类的秘密。人类的本质不是欲求，而是偿还和告别。

死亡：时间绵延所要求的必死性。

他人之死与我之死

对与他人的死亡和我们自己的死亡之间的关系的描述引出了一 *25* 些奇特的命题,我们现在将对它们进行更深入的探讨。

与他人之死的关系并不是关于他人之死的知识,也不是对这种死亡毁灭存在的方式的体验(如果像通常认为的那样,将这种死亡事件归结为毁灭的话)。对这种例外关系(例外:抓住并从系列中剔除)没有任何知识。这种毁灭不是现象上的,也不会产生任何与之相吻合的意识(然而,这是知识的两个维度)。纯粹的知识(=亲历、吻合)对他人的死亡只获得了一个过程(固化)的外在表象,在这个过程中,一个迄今为止还在表达自己的人结束了。

在例外之中的与死亡的关系——无论相对于存在和虚无它的意义如何,它都是一个例外——赋予了死亡以深度,它既不是看到(voir),也不是瞄向(viser)(既不是像柏拉图那样看到存在,也不是像海德格尔那样瞄向虚无),而是一种纯粹的情感性关系,是一 *26* 种情感(émotion)的运动,这种情感并不是由某种在先的知识对我们的感性和理智的反作用力构成的。这是一种情感,一种运动,一种在陌生中的畏。

这种情感不像胡塞尔所说的那样基于表象(胡塞尔是第一个将意义引入情感的人,但他仍将情感建立在知识之上)。但是,它也不会像舍勒所说的那样,被一种特殊的价值意向性所驱动,从而为情感保留了一种专门的存在论的揭示性开口。对舍勒来说，情感最初是以价值为导向的，但它保留了一种开放性，它仍然被理解为（价值的）启示；因此，它仍然保留了存在论结构。

在这里，我们面对的是一种没有意向性的触发性（affectivité）（正如米歇尔·亨利在《表现的本质》中正确指出的那样[1]）。然而，这里所描述的情感状态与感性主义的经验论的惰性截然不同。非意向性——但也是一种非静止状态。

情感的不安不正是在临近死亡时才会产生的疑问吗？情感作为对死亡的尊重（déférence），即情感作为一个疑问，在其作为疑问的位置上并不包含其答案的要素。这个问题被嫁接到时间（时间是与无限的关系）这一与无限的深层关系之上。与他人死亡的情感关系。恐惧或勇气，同时还有——超然于对他人的同情和声援——在陌生中对他人的责任。但这陌生又不是客观的、主题化的、可被瞄向或可见的，而是一种不安，在这种不安中，提出了一个无法转化为回答的问题——在这种不安中，回答被还原为问题自身（du questionnant）或提问者（du questionneur）的责任。

他人与作为邻人（prochain）的我有关。在每一起死亡事件中，
27 邻人的亲近感、幸存者的责任感都得到了显示，这是被亲近感的逼迫所驱动或刺激起来的责任感。这种不安并不主题化，也不是意向性，即使意向性是有意义的。因此，不安是对任何显现、任何现象方面的抵制，就好像情感是由问题生发的，没有通过任何本质，直接走向死亡的尖锐，并不是纯粹消极地建立陌生，而是在不知不觉的接近中建立陌生。就好像疑问超越了显现的形式，超越了存在和表象，正因为如此，它才可以被说成是深刻的。

---

〔1〕　M. Henry, *L'Essence de la manifestation*, Paris, P.U.F., 1963, 2 vol.

因此，我们再次面临情感的意义问题，海德格尔教导我们将其归结为在畏中与虚无的对抗。这种情感的不可还原性甚至在《斐多》里苏格拉底的努力中也是显而易见的，这场对话倾向于在死亡中认识到存在的光辉（死亡＝剥去一切面纱的存在，它向哲学家承诺，只有在肉体终结时才会展现出神性）。即便如此，苏格拉底死亡的方式也没有丧失其情感共鸣，而在死亡中宣告着存在（苏格拉底最终将在死亡中显现）的认识，则是作为一种理性的知识话语、一种理论。这就是《斐多》的全部意图：理论比死亡的畏更强大。但是，即便在这一对话中也出现了情感的过度：阿波罗多洛斯比其他人哭得更厉害，他哭得无以复加——并且妇女们必须被赶走。

这一情感与眼泪的意义何在呢？也许我们不应该立即把这种情感解释为意向性，从而把情感还原为向虚无——或与虚无相关的存在——的敞开，还原为向存在论维度的敞开。正如胡塞尔的情感与再现的联系可能受到质疑一样，我们必须自问，是否所有的情感都会回到被理解为虚无的临近的畏之中——情感性是否只产生于一个坚守其存在的存在者，欲求是否就是人的本性，人的本性是否就是他的去存在（avoir-à-être）？这些问题不可避免地引出了与海德格尔的争论。如果情感不是植根于畏，那么情感的存在论意义就会受到质疑，除此之外，意向性的作用也会受到质疑。也许没有必要坚持意向性是心理的终极秘密。

时间不是存在的界限，而是存在与无限的关系。死亡不是毁灭，而是必要的疑问，以便与无限的关系或时间得以发生。

当我们把死亡说成是我的死亡时，也会出现同样的问题。与我自己的死亡的关系并不具有知识或经验的意义，即使是在预感或预知的意义上。我们不知道，也无法见证自己的毁灭（如果死亡是毁灭的话），这不仅是因为虚无无法作为一个可主题化的事件被给出（见伊壁鸠鲁"如果你在那里，死亡就不在那里；如果它在那里，你就不在那里"）。我与我的死亡之间的关系是对死亡本身的不知，然而，这种不知并不是关系的缺失。我们能描述这种关系吗？

语言所称的死亡——被认为是某人的终结的东西——也是一种可以转化到自己身上的不确定性事件。这种转化不是一种机械的行为，而是属于自我的错综或纠缠，它切断了我自身的绵延，或者在这条线上打了个结，就好像自我绵延的时间不断地延长。

关于这里所阐述的时间理解，还需要插入一点题外话：

时间的绵延是与无限、与无法包容者、与差异者（le Différent）的关系。这种与差异者的关系并非无关紧要，在此关系中，异时性就像"**在**同一中的他者"中的"在……之中"，而他者还尚未进入同一者之中。古老的无法追忆者是对不可预见者的尊重。时间既是同一者中的他者，也是无法与同一者在一起、无法共时的他者。因此，时间是同一者对他者的不安，同一者永远无法理解他者，无法将他者包含在内。

这种转化的敏锐性在于他者死亡的所有意义以及死亡被转化的背景。转化——但转化并非无动于衷，而是属于自我的纠缠，属于自我的认同。

如何看待在其同一性、独特性中的自我——或者说，如何看待自我的这种独特性？能否把它看成是一个同一化了的事物（事物的同一性：一系列相互确认的目标，意图的统一）？是否必须把自我看成是自我反思中的同一化，这种反思将他者同化为自我，但代价是不再能将自己与由此形成的总体（totalité）区分开？这两种解决

16

方案都不合适，需要第三种。

自我——或者在我的个体性（singularité）中的我——是一个摆脱了它的概念的人。自我只有在对他人负责的过程中才能体现出自己的独特性（unicité），而这种责任是不可推卸的，我也无法摆脱这种责任。自我是一种不可能被替代的自我认同——一种超越一切债务的义务——因而是一种忍耐，任何假定都无法推翻它的被动性。

如果自我的独特性就在于这种忍耐——必须冒无意义之风险的忍耐，甚至是面对专断的发现时的忍耐——那么，一种无法偿还的忍耐就是可能的。它需要打开一个维度，这个维度是一种发现，是对忍耐的高贵或纯洁的嘲弄，是对它的玷污。如果忍耐作为一种不可避免的义务具有某种意义，那么，这种意义只有当在忍耐之下没有一丝废话的时候才会变得充分和制度化。因此，在自我的利己主义中，必然存在无意义和疯狂的风险。如果没有这种风险，忍耐就会有其地位，就会失去其被动性。

无意义的可能性能够驱走任何可能进入忍耐的被动性中的事业，这就是对死亡的敬畏，它不是意义，不可确定，不可定位，不可对象化——是不可想象、不可预见的维度的一面。死亡的无知识、无意义，对死亡的无意义的敬畏，是对自我的独特性，以及其独特性的纠缠来说所必需的。无知，在经验中表现为我对我死亡之日的无知——自我凭借这种无知开出透支支票，仿佛它拥有永恒的支配权。这种无知和漫不经心不应被理解为娱乐或者堕落。

死亡并不允许我们用它自己的事件来描述它，而是通过它的无意义关涉我们。它似乎在我们的时间（时间＝我们与无限的关系）中所标示的那个点纯粹是一个问号：一个通向不可能提供任何答案的可能性的开口。质疑已经是与超越于存在的关系的一种方式。

前面的论断是建立在一定数量的前提之上的，现在必须把这些前提说清楚：

— 如果没有死亡的经验，那么将死亡解释为意向性就必须受到质疑。

— 肯定在与他人的死亡和我自己的死亡的关系中的情感性，就将这些关系置于与差异者的关系之中心，与之相伴的是缺乏任何共通的标准，以及任何回忆或预期都无法将这些关系同步起来。

— 与死亡的关系是面对他人的质疑，面对他人的过度（démesure），这就是我们要寻找的死亡与时间的关系。

31 — 在胡塞尔那里，编织时间花边的意向性并不是心灵现象的终极秘密。

— 人的本质主要不是欲求，而是人质，是他人的人质。

— 情感并非植根于对虚无的忧虑之中。

所有这些都必须在与海德格尔的对话中再次讨论，海德格尔以另一种方式肯定了死亡与时间之间的亲密关系。

必需的过渡：海德格尔

1975年11月28日星期五

死亡：这一问题的令人担忧之处在于它的躁动不安，而不是³²它作为一个问题被提出。不安：无休止。不安不是意向性的一种方式；相反，意向性才是不安这种无休止本身的一种方式。这一问题所驱动的情感并不能立即被解释为与存在和虚无之间的关系，与将人的存在视为欲求、将死亡视为对存在的威胁，并在畏中将死亡视为一切情感的源泉的想法恰恰相反。

在这里，如果我们要提出一个比欲求更有人性的人性，那恐怕就是觉醒或警惕（不是对某某东西的警惕）——这是一种自足于其同一性的自为中的觉醒，一种由他人的不可吸收的他异性（altérité）所唤醒的觉醒，或者说是一种沉醉于自身的同一者的不断觉醒。这种觉醒必须被视为觉醒中的觉醒：觉醒本身成为一种状态，因此这种觉醒的觉醒是必要的。这里有一种觉醒的重复（itération）。因为这是由他人的过度或无限性所带来的觉醒。

这种保持觉醒，彻彻底底的觉醒，就是对他人的责任——人质的责任。觉醒永不停止：我们不欠他人的债。无限的觉醒——但它是通过对责任不可抗拒的呼唤而具体发生的。因此是被动的：在任³³何时刻，我都不能为自己感到安宁。

被动或忍耐延伸着，如同时间的长度。时间是一种尊重无限的方式，却永远无法容纳或理解它。这种"永远无法"就像是时间

19

的永远，时间的持续（这种被动性、人质的被动性，不可能存在于有组织的社会、国家等）。在这种觉醒中，陌生或死亡的无意义性，是解决任何忍耐美德的障碍，在这种觉醒中，恐惧产生于我与无限之间的不相称——作为面对神的存在，作为神本身。

这些话包含了对死亡与时间之间关系的某种思考。海德格尔以另一种精神极其严谨和有力地坚持了这种关系。我们必须首先研究提出这一问题的背景，即《存在与时间》一书的第1至44节（海德格尔的后期著作中较少谈论死亡）。哲学家在这部著作的第一部分引入了更新后的问题，即基础存在论的问题，它针对的是存在的动词意义。由此，海德格尔在与存在者的差异中唤醒了存在的动词意义（存在者［l'étant］：存在的名词意义，可以显示的、主题化的；从语法术语来看：名词，实体[1]）。

在任何明确的存在论之前，存在（être）这个动词已经为人们所理解。它被前存在论地理解，因此并不能被完整地把握，而总是与各种问题相伴随。因此，在对存在的前存在论理解中，总有对存在的疑问，存在由此是一个预先拥有了答案的问题。因此，34 我们必须从人出发来探讨存在的意义，因为人是理解存在、质疑存在和追问存在的存在者。但是，对存在的追问并不是对某种存在者的结构提出一个平庸的问题。这种追问尤其不是一种心灵现象，相反，它对人来说是本质性的（尽管不是斯宾诺莎意义上的本质性）。这种追问是人的基本存在方式。人的本质就是以某种方式存在。

―――――――

[1] 参见 *Autrement qu'être*, pp. 49-55。

人的存在方式，人的工作方式，人的存在轨迹，就是人的动词意义上的存在，而这种存在恰恰是对动词存在的意义的追问。这种追问不是表象，而是引领自己的存在进程，是去存在：不要与必须理解存在相混淆，而是要把握其可能性。

存在及其意义对人类如此重要，以至于它就是人类自己的事情。被追问的事物与追问的事物之间的关系是一种独特的关系；这就是向来我属（Jemeinigkeit）这一事实本身。追问与被追问之物之间的这种紧密关系，使得自我第一次如此严谨地从存在论中"演绎"出来、从存在中"演绎"出来、允许个人性从存在论中"演绎"出来。参见第9节：此在是向来我属的，并且，因为它是向来我属的，所以它就是自我。向来我属性这一现象本身衡量着生存的方式，它具体地意味着能在（pouvoir-être）。[2] 因为人自身的事情（在 Sache 的意义上，尽管这个词没有出现在《存在与时间》中）是要做的、要实现的、要按照他的存在轨迹被引导的，那么他的本质就在于去存在。因此，他将在他的追问中存在，他将提出问题。他的存在与他所把握的存在之间必须有一段距离：因此，他将是一种"去－生存"（ek-sistence）。

人是这样一种存在，他的存在关系到他的存在本身，他必须把握自己的存在。这就是为什么不把人描述为 Daseiende，而描述为此在（Dasein）。理解存在就是去存在。因此，人的存在与被理解的存在几乎是同一个存在（见《关于人道主义的书信》）。

这种向来我属性，这种对自身存在的完成，这种在自己面前作为一种可能性被把握、去生存的姿态，必须得到描述。描述这一生存就是描述自我追问的存在。或者反过来说，从人的生存、人的此

---

〔2〕　参见 *De Dieu qui vient à l'idée*, pp. 81-82。

在出发来描述人的人性，恰恰是在描述人对存在的疑问。

在《存在与时间》一书中，"此在是这样一种存在者，他的存在就是他的所是"这一表达极具诱惑力，因为它意味着欲求。但实际上，欲求是从这一存在者的存在的限制程度中演绎出来的。这里没有存在主义。在这里，人之所以有趣，是因为他被束缚在存在之上——他对存在的约束就是他的质疑。欲求衡量着他对存在的服从，衡量着人所担负着的这一服务于存在的整全，是人的责任（《关于人道主义的书信》）。存在的事情是人本己的事情，以至于存在的意义也是他的事情。

人也是在此（Da），因为这种负责存在的方式不是理智的事情，而是人的整体具体性。Da是在世界上存在的方式，是对存在的追问。这一对存在意义的探寻与亚里士多德的方式不同。与亚里士多德一样（见《形而上学》，A，2），海德格尔也谈到了"惊奇"，但在亚里士多德看来，"惊奇"不是别的，而是对自身无知的意识：知识来自我对知的欲求。对亚里士多德来说，操心（Sorge）与追问完全分离，对知识完全不感兴趣。海德格尔的情况并非如此。

为了回答基础存在论的问题，《存在与时间》可以被解读为对此在的此阐释，此在作为存在者被存在所占据，它必须首先被启蒙才能提出存在的问题。此在的分析就源于此。人的此在把存在当作自己的事情、自己的问题这一事实，记忆人自己负责提出问题这一事实，正是存在的本义：存在的本质就是提出自己的问题。因此，对此在的分析已经是描述存在的一个步骤。《存在与时间》不是存在论的准备，而是进入存在论本身的一个步骤。

存在的第一个特征就是它已经处于问题之中。存在本身是有限的、有问题的、有争议的。在追问中存在，就是以这样一种方式存在，即总是不得不存在，而这要归功于一个自身不得不存在的存在者。在追问中存在，就是以这样一种方式存在，存在者必须使它成为自己的存在，成为一个自身发生（sich zu ereignen）。在追问中存在，就是事件（Ereignis）（30年代的法国尚未认识到这一点，因为我们把eigentlich翻译成本真）。因此，问题就在于，动词意义上的存在，是否等同于让自己被据有，等同于事件存在，并由此激发起人和个人（见第9节，此在的所有方式都是本真的，包括那些被说成是非本真的方式）。

在《存在与时间》中，海德格尔明确解释了此在（l'être-là）的具体意义，解释了什么是存在在此被理解、被把握和被据有的此在。这一现象学分析引出了这样一个公式：此在就是作为一个对万物操心的存在者而存在于世界之中，操心就由此而来。生存也由此而来。操心的结构是一个**如何**的问题，而不是一个**什么**的问题。生存着的事物被归纳为一个单一的表达：总已经先行于自身而在世存在（＝寓于事物之中）。这就提出了一个问题：这些存在物是总体性的吗？它们构成了某种整体（d'entier）或源始的东西吗？

"总已经先行于自身而在世存在"这一论断包含了一些时间上的术语："已经""先于""寓于"。这里有一种不涉及瞬间的流逝和时间的流动而描述时间性的尝试。希望找到一种不被定义为流动的河流的源始时间。

在《存在与时间》之前的一次未发表的演讲中，[3]海德格尔指 *37* 出，不可能提出"时间是什么"这个问题。如果我们问这个问题，我们就已经回答：它是一种存在者。于是，这个问题被另一个问题

---

〔3〕 见前文，1975年11月7日讲稿的注释〔1〕。

所取代：谁是时间？回到亚里士多德（时间是运动之数[4]），他指出，我们通过测量时间来获取时间，我们获取时间的源始途径是通过时钟。在这里，通过"已经""先于""寓于"这些表述，我们试图通过测量时间以外的方式来进入时间。海德格尔将从源始时间推导出可测量的时间。

---

〔4〕　Aristote, *Physique*, IV, 11, 219b.

此在的分析

1975 年 12 月 5 日星期五

也许有人会问，本课程中出现的说法与科学研究之间，有什么 38 关系？

自然和自然科学的概念，除了它们在科学内部的阐述之外，还源于一种元科学、一种可理解性、一种在具体的人与人之间的关系中显示出来的意义。科学的运作从来都离不开这种可理解性或意义的基础结构的呼应，离不开这种需要明确的意义视域的呼应。

如果我们客观地翻译这里所说的生与死的事情，那么我们就需要在人与死亡的关系中，在死亡对人类时间的影响中，在死亡不断开放的可能性中，在其无法回避、时间变得陌生的必然性中，确定这些意义的视域。这意味着承认这种共同决定，承认人不是一种对普遍理性的简单体现或个体化，而是意味着一个十足的把戏，意味着一种断裂，在这种断裂中，存在的姿态在意义中显现出来，或者分解为意义——如果没有这种断裂，客观性就有可能消解源始的意义（参照胡塞尔的话，"意义的过渡"［glissement de sens］）。

"分解为意义"：人的出现或许是存在之史诗的断裂，是人与他 39 人（伦理领域）之间的关系，这种关系不是在存在之上的另一个层次，而是一种无根据（gratuité），在其中，存在的欲求和坚持都将被分解。

更多细节：

－ 时间必须在没有等待目的的等待中被视为吞没了其等待的意向性，等待是忍耐或纯粹的被动性，是没有假设（assomption）的纯粹忍受（与有假设的痛苦不同）。无假设不等同于任何内容的东西。无限的无假设、不安：这是一种没有意向性意志的关系，而意向性意志是一种与自身相称的意志。因此，这里就有了尊重，虽然这一尊重永远无法达到。忍耐的"永不"就是时间的"始终"。

－ 在不安中尊重，从而觉醒，觉醒是对邻人的觉醒，是对邻人的责任。我们不可推卸的责任：对他人的责任中不可被替代这一事实决定了我，只有我，独特的自我。在这种觉醒中，觉醒者不会沉湎于自己的觉醒状态，也不会站着睡着。

－ 因为我们需要一种自然主义概念的现象学（phénoménologie des concepts naturalistes）（哪怕只是为了工作和做笔记），所以我们转向海德格尔提出的现象学。

上一讲的目的，在于说明此在的分析对于存在论问题的意义。它不仅仅是一门预备教育的课。在此在中，存在成了问题，而有问题的存在可以说是动词存在的**状态**，是它的史诗、它的姿态的方式。在问题之中存在对这一本质（essance）来说是本质性的。此在中的"此"是一个无根据的基础，既是问题，也已经是对动词存在的理解，在"操心"的结构中得到了阐释。

人的生存（或此-在）可以通过三个结构来描述在其"此"（在世界中的存在）：先行于自身存在（筹划）、已经在世界中的存在（实际性）、在世界中存在作为寓于（寓于事物之中，寓于世内照面的存在者）。

这就是"操心"的结构，在这个结构中，我们发现了完全基于

40

"此在"的关系而描述的时间参数：

$$时间\begin{cases}筹划-将来\\已经-过去\\寓于-现在\end{cases}$$

（海德格尔认为这种结构是同源的，来自同一个起源［Ursprung］，来自同一个原始冲力［primesaut］。异时性的悖论的同时性。）

存在的问题，等同于对存在的理解，它不是亚里士多德在《形而上学》（A，2）中所说的那种无利害的知识（配得上诸神的无利害）。对此在的分析并不是通过不知何方、好奇求知的人性对"存在"一词的动词意义的某种接近。这种人类学揭示了存在之冒险的确切展开方式，这种冒险不具有建立在大地之上的事件或某种自我强加的绝对或神圣原则的安全性（请注意，"绝对"一词并未出现在《存在与时间》的任何地方）。但这恰恰是一个冒险的问题，冒险是存在的舞台，冒险的进行是为了应对存在在此中遭到追问的这种方式所涉及的风险，此在的本分就是存在，并由此获得向来我属性（作为"我"和全部"据有"的可能性）。这种存在的冒险仿佛是冒险中的冒险（不稳定性）。在这里，存在是以极度慷慨、极度无偿和无私的方式给予的。需要指出的是，在"前苏格拉底"的存在中，有许多基督教的美德（慷慨、谦逊、谦卑等），而海德格尔将希望教导我们，这些结构或美德都根植于存在本身。唯一的问题是：这些伦理意义难道不是以（什么是）与存在断裂的人的意义为前提的吗？

操心的结构把对"此"中的存在的理解指向与事物的遭遇，并 *41* 从这些事物出发来理解。在海德格尔看来，这对应于平均日常状态的平庸，对应于充满了事务与分心的日日夜夜、"工作和时日"的绵延中延伸的平庸的生活方式（普希金说，生活是一连串无休止的宴席）。这种生存方式被视为生活的现实。在海德格尔看来，这种存在方式，这种平均日常状态是一种可能性，它并不外在于人的向来我属性、人自身的事情以及本真性（因而也是理解和追问）。它源于其中，又走入其中，它似乎使这第一次飞跃（这一原始冲力）、这生存的起源走向了作为问题的存在之事情，并变得不可辨认。

在《存在与时间》一书中，分析是在平均日常状态的基础上开始的，是在这种非我的生存的基础上开始的，尽管这种非我的生存来自自我。操心结构的共源性是否能从非平均日常状态的共时性的事物中找到？

如果日常夺取了标志此在的特权，它就不再可能理解筹划的结构、先行于自身的结构，后者将此在描述为存在的义务，一种有待把握的可能性。在日常时间中，自我的统一性只有在每个生命的时间都流逝时才会出现：此在只有在它的讣告中才是总体的，"在它自身中，永恒最终改变了它"。在人不再是人的那一刻，总体性才得以实现。在这方面，海德格尔写道："操心构成了此在的结构整体的整体性。但按照操心的存在论意义，这一存在者可能的整体存在是同操心相矛盾的。"[1]

先行于自身的存在这一首要环节难道不意味着此在是从自身出发的吗？只要与它的目的相关，就与它的能够存在相关；只要此在仍然生存着，即便它的面前还没有任何事物，它的存在就被先行于自身所决定了。即使是绝望、无望，也都是与其可能性相关的存在

42

---

[1] Heidegger, *Être et Temps*, trad. E. Martineau, Paris, Authentica, 1985 (ed. hors commerce), §46, p. 176. 这一译本被选为本卷中法文引文的来源，尽管它出现在列维纳斯课程本身之后。中译参见海德格尔：《存在与时间》，陈嘉映、王庆节译，北京：生活·读书·新知三联书店，2012年，第271—272页。下同。

方式。同样，做好一切准备，与自己的未来没有距离，不抱任何幻想，也依旧包含着一种先行于自身的存在。

因此，在操心的结构中，总体性被排斥了："操心的这一结构环节无疑说出了：在此在中始终有某种东西亏欠着，这种东西作为此在本身的能在尚未成其为'现实'的。"[2]因此，在操心的结构中，存在着此在的持续的未封闭状态。这种非总体性意味着此在的"外部"。距离的消失，**这种**距离的消失，等同于此在的消失。在此在的结构中，存在着把握整体的不可能性，一个始终处于可能之中的存在者不可能成为一个整体。

但是，海德格尔不禁要问，在这里，他是否不能以在手的（Vorhandenes）、纯粹现成的现实的模式来对待此在？问题的关键在于此在。那么，此在成为一个整体（tout）又意味着什么呢？

在如此这般的此在中，有些东西是缺失的，有些东西仍然是需要的，这种缺失属于存在本身，这种缺失就是死亡。因此，正是通过与死亡的某种关系，时间才成为可能，与之相关的时间才产生了整体的可能性问题。

两个问题同时出现：

– "本真"的时间意味着什么？

– 整体是否可能？

下一堂课将探讨这两个问题：我们如何将此在视为一个整体？这能否引导我们思考本真的时间？

---

〔2〕 Heidegger, *Être et Temps*, trad. E. Martineau, Paris, Authentica, 1985 (ed. hors commerce), §46, p. 176.

此在与死亡

1975 年 12 月 12 日星期五

43　　有一种常见的时间形象，在这种形象中，死亡是一个存在物在不间断的时间流中持续时间的终结。死亡由此就是一个事物的解体（destruction）。在海德格尔看来，死亡仍然被附着在"终结"这一明确的意义上，他的贡献就在于在这一毁灭的基础上重新思考时间本身，并用哲学概念取代庸俗的死亡和时间概念。这就是为什么要在这里介绍海德格尔作品中这些概念之间的关系。我们有必要对海德格尔的作品进行解读，即使在我们看来，死亡并不归结为毁灭，也不归结为在《斐多》中所说的纯粹存在的呈现。死亡似乎在召唤一种困难或不可能的思想——一种思想或不安——以一种排除的方式，使我们想到一个被排除的第三者（在"存在与虚无"的选择之外）。然而，我们必须坚持这种不可能的思想或不安，我们必须把它作为一个没有任何预先给予的问题来对待，我们必须承受它。

　　对海德格尔来说，人类学的问题并不是原初的。海德格尔对人类生存的意义本身并不感兴趣。只有当存在涉及存在的史诗的问题44　之时，人才在其思考中出现。存在在人那里是成问题的，而人之所以必要，正是因为存在之疑问。人是存在的模态（modalité）。此在正是存在被质疑之事情本身。

　　海德格尔对死亡的态度完全是出于对存在论的关注。人的死亡的意义被这种对史诗中的存在的关注所规定。因此，对海德格尔而言，有必要确保对此在的分析是作为对在疑问中的存在的分析而进行的，它是在其本己的意义上理解本质（esse）或存在，而不是根据某种派生的变形来理解本质或存在（本己的［propre］，被译为本真的［authentique］，也就是说，翻译成这样一个词，它隐藏了本己中所有的东西：本真［eigentlich］）。

这种源始性、"本真性"的标准，如果不是在此在对存在的追问中，又能在哪里找到呢？本己的意义在于据有（appropriation），也就是海德格尔后来所说的事件（Ereignis）。在这里，存在的事情被强加于此在，以至于成了自我之事，以至于有人以第一人称说：这一事情是属我的。由此，本己从作为向来我属的原始冲力中浮现出来，或者说，由于将这一追问作为其本身的追问，追问中的这一存在事情成了对我的追问（《时间与存在》的事件在《存在与时间》中已经有了）。追问存在的这一假设涉及终结，因此死亡会作为最本己的事情产生——这就是海德格尔后来的分析。在本己的发生中，死亡被宣布了。

这种据有、这种事件、这种存在，在其中，据有本身作为起源产生，据有就是起源性的，并且在原始冲力中产生；在其中，与存在的关系涉及作为其自身的此在——这就是此在在其本己意义上的聚集。在此，本己与派生之间的区别才有意义。

然而，在《存在与时间》的第1至44节中，对作为操心的"Da"（即对作为理解的存在的追问）的全部分析都是以这种向来我属所预设的存在形式为基础的。对"Da"的分析是从日常生活中开始的。这样，此在就不是在据为己有中，而是在陌生化（aliénation）中得到了展示，它逃离了存在的任务，由此也远离了对存在任务的不可分割的联系。

被如此描述的此在还能否被唤回到其存在的意义中呢？反过来说，如果此在可以被聚合成一个整体，它难道不会失去"去存在""先行于自身存在"的结构吗？那么，它岂不是失去了其生存（去存在），从而可以像陈列柜里的东西一样被展示（根据马尔迪内对 Vorhandenheit 的翻译）？当生命的时间流逝殆尽，到达其终点和目的地，此在的本质走完其全部历程，难道不就是死亡？难道它不就像物一样，在陈列柜里展出，成为博物馆的绘画？

在此在中，只要它存在，就会有缺失：确切地说，是它可能是或成为的东西。这种缺失属于终结本身；但存在于世界中的终结就是死亡。这里涉及的是，仅只一次展现此在的能够整体存在的问题，是此在的整体性力量问题，而在世存在的终结就是死亡。正是通过与死亡的某种关系，此在才会成为一个整体。

因此，问题在于：存在于终结还能被视为与自身保持距离吗？在传记之外，还能有作为整体的存在的意义吗？作为整体的人是可能的吗？

除非，时间作为一种与死亡的关系，可以被认为是在纯粹而简单的流动或瞬间的流动之外的东西。要摆脱这一困境，唯一的办法就是重新思考时间的概念。

在《存在与时间》一书的系统中，"在什么情况下，此在可以被把握为总体性，并以其自身的方式延续下去？"这个问题旨在阐
46 述被质疑的存在，它将我们引向一种时间性或时间的绵延，在这种时间性或时间的绵延中，自我性（l'ipséité）作为一个整体并没有被其时间性的历史所摧毁，这种总体性并不意味着没有时间性生命的事物的总体性（这正是人的问题本身。传记或是协助其传记的实体，两种解决方案在这里都被否定了）。

我们会发现，此在对存在之事情的据有所构成的此在的自我

性，在对一种可能性的据有中是本真的，而在这种可能性中，这种据有是最本己的、最不可转移的，甚至是不可避免的：死亡。时间，作为一种先行于自身的东西，恰恰是对死亡的据有或对抗，在这种据有或对抗中，此在的自我性是完整的。因此，此在将是本己的，或者说在本己意义上被思考——存在的操心，在它所操心的存在中，注定是虚无的。因此，既为存在而畏，又先于存在而畏（这种令人畏惧的虚无也是人们所希望的虚无）。既"为了"又"先于"的畏：我们所畏的，同时也是我们先于此所畏的——与怕相反，在怕中，我既怕狗，又为我自己而怕（见第30节）。

这样，人类存在及其此在的整体性就在没有任何他人干预的情况下，仅作为在世存在的此在得到探索。从一开始，死亡的意义就被解释为在世界之中存在的终结，即毁灭。谜被从现象中抹去了。[1]时间性或时间的绵延，在与流俗解释（流变）相分别的情况下，被解释为先行于自身存在，也是一个作为前理解的问题：一个有前提的问题。因此，从始至终，存在论，即对存在和虚无的理解，仍然是一切意义的源泉。这种分析绝不是在暗示无限（它也许可以将思考带向接近异时性、忍耐和时间的长度）。自康德以来，哲学一直 47
是没有无限的有限性。

我们不可能不从死亡现象中读出终结和毁灭。但它与无生命之物或任何生物的毁灭，与石头的侵蚀或水的蒸发并不一致，在这些现象中，形象毁灭之后，质料始终存在，毁灭本身发生在前与后之间，而前与后与毁灭属于同一时间线、同一表象、同一世界。死亡

---

〔1〕 人们很难不在此想到列维纳斯的一篇重要文章，《谜与现象》，收入《与胡塞尔和海德格尔一起发现存在》(*En découvrant l'existence avec Husserl et Heidegger*), Paris, Vrin, 1967(2ᵉ éd.).

的终结是否与形式或机制的毁灭相吻合？或者说，当涉及人的死亡时，我们是否并不担心意义的过剩或缺失？人的死亡或许是理解所有生物死亡的起点（在这里，也可能存在一种与毁灭相关的意义过剩或意义缺失）。

有一种终结始终是含混不清的：没有返回的离去、死亡，但也有不回应的丑闻（"他可能已经死了吗？"）和我的责任。在我无法给他任何欢迎之地的情况下离去。仿佛否定之外的排斥——排斥存在-虚无矛盾的排斥——通过排中律（绝不是瞄向一个目标世界）的方式：提出问题本身，这绝不是从存在的诸样式中推导出来的，它是一个卓越的没有答案的问题，也是一个所有问题都借用其追问方式的问题。

这个问题本身并不像一般的疑难，这个准悖论性的问题必须得到思想的坚持和支持；必须进入这个问题，才能谈论死亡和时间，在可能出现这种悖论的情况下，才能描述并非基于任何彼岸信息的所有意义。

无限——有限无法从自身得出的无限，却是有限所思考的无限。

48　　我们生命中被死亡捕获的时间，其意义主要来自这种情感（畏），还是这种情感来自这个可能没有答案的问题？我们必须面对这个问题，它追问的是，这个终结是否通过其虚无性来标记我们的时间？这种畏是否是死亡的真正情感？时间是否从这个终结中借用了其持续时间的意义，或者，这个问题是否来自没有答案的陌生？

死亡与此在的总体性

死亡现象的背后潜藏着死亡这个没有给予的问题，与康德范畴　49
中的任何一种观点形式（modalité doxique）都不可同日而语。在谈
论死亡和思考这一不可能在其中得以可能的时间时，我们必须坚持
提问的立场，而这一立场必须超越问题的立场或与问题的立场并行
不悖。这种形式不借用任何关于超越的信息；相反，关于超越的信
息可以从中获得意义。时间必须在其绵延和异时性中，作为对陌生
的敬重而得到理解。

海德格尔会好奇，作为总体性的此在经验是否可以通过他人的
死亡来给予。这种死亡的优势在于它是给予我的，而我自己的死亡
则是对我可能拥有的死亡经验的取消。但是，这种试图接近他人死
亡的尝试遇到了与我自己的死亡同样的困难。他人的死亡是一种有
效的完成，它无法让人获得此在之为此在的总体性经验（这里发生
的一切就好像经验是可能发生在我们身上最深刻的事情）。

虽然通过他者之死的迂回是一条死胡同，但它对研究却有积
极的意义：在这条迂回中，就好像我们以为会在发生在每个人身上　50
的事情的经验中找到死亡的经验。但是，我们错过了死亡本身。这
样，死亡就不会被视为最本己的可能性；它也不会作为最本己的可
能性黏附在每个人身上。于是，死亡就显示为一种没有替代可能的

可能性。毫无疑问，我们可以"为他人赴死"（für einen Anderen in den Tod gehen），但不能"从他人那里取走他的死"（dem Anderen sein Sterben abnehmen）。[1]死亡揭示了其存在论的结构，即向来我属性。

（同情和怜悯，为他人感到痛苦，或"为他人死一万次"，其可能性的条件是更彻底地替代［substitution］他人。为他人承担责任，承受他们的不幸或命运，就好像我们对他们有罪一样。最大限度地接近。像有罪一样生存。从这个意义上说，为他人牺牲与他人的死亡建立了另一种关系：一种责任，这可能是我们能够死亡的原因。在幸存者的愧疚中，他人之死是我的事情。我的死亡是我对他人死亡的分担，在我的死亡中，我死于我的过错。他人的死亡不仅仅是我的存在论功能的向来我属的一个瞬间。）

事实上，正是在与我自身的此在的关系中，死亡才可以被视为一个不会背叛其生存意义的概念。海德格尔将此在这一概念从一组派生概念（终结与总体性）中划分出来，以说明终结如何能够在此在本身的秩序中被思考，而不是作为现成存在被思考，也就是说，终结如何能够在此在的模式中被思考，这样的终结如何能够构成一个整体，这个整体又如何能够聚合在一起。

1. 此在包含着与自身的距离（Ausstand，一种亏欠，在欠钱的意义上）。

2. 它的存在的终结、临终到头似乎不再在此（它的此在结构的丧失）。

----

[1] *Être et Temps*, §47, p. 178. "任谁也不能从他人那里取走他的死。当然有人能够'为他人赴死'。但这始终等于说，'在那种确定的事业上'为他人牺牲自己。这种为他人死却绝不意味着以此可以把他人的死取走分毫。"参见中译本第276页。

3．分析的结果：临终到头是此在最本己、最不可转让、最不可剥夺的可能性。

海德格尔的独创性在于，他对先行于自身作为亏欠（在有外债的意义上）的观念提出了质疑。在此过程中，对此在的重新组合，并不是通过添加现成或曾经在一起的碎片来完成的。此在以这样一种方式存在着：它的"尚未"属于它，但"尚未"属于它。它不是以"在别处"、"在外面"或"已经出去了"的钱的方式。但也不是像四分之一的月亮那样"错过"月亮的方式（事实上月亮并没有错过，只是没有被感知）。

那么，我们是否应该从有机发展的角度，从属于果实的成熟的角度来思考它呢？海德格尔对这种相似性并无异议：果实即将成熟，但尚未成熟，因为它是青的，然而成熟已经属于它。构成此在的非总体性的是此在的尚未，就像成熟性之于果实一样。但死亡并不是成熟。果实成为自身的实现并不是超越了实现的死亡。在死亡之中，此在并未穷尽其所有的可能性，就像成熟中的果实一样。当它死亡时，它的可能性被剥夺了。结束并不意味着实现。死亡的终结并不一定等待特定的年数。

那么，死亡在什么意义上是此在的终结呢？死亡的终结既不能被理解为完成，也不能被理解为消逝，既不能被理解为雨水的停止，也不能被理解为工作的完成，更不能被理解为债务的偿还。对此在而言，终结不是存在的最终点，而是在其存在自身中承担终结的一种方式。它是一种此在承担（übernimmt）的可能性而不是一种夺取。"Der Tod ist eine Weise zu sein, die das Dasein übernimmt, sobald es ist"：   *52*
死是一种此在刚一存在就承担起来的去存在的方式。[2] 死亡并不是在

---

〔2〕　*Être et Temps*, §48, p. 182. 参见中译本第282页。

一个尚未实现的未来中，根据绵延于一系列日日夜夜、分分秒秒的时间而被思考；相反，正是基于生存的去存在，此在的去-死亡就被把握住了。"Sobald ein Mensch zum Leben kommt, sogleich ist er alt genug zu sterben"：刚一降生，人就立刻老得足以去死。[3] 去存在，就是去死亡。死亡并不在时间的某处，而时间就其起源倒是去存在（zu sein），也就是说，去死亡（zu sterben）。

如果说死亡完成了此在，那么本真性和总体性也就相互交融了。在这里，如果我们摒弃任何选择性的概念，就能看到总体性与本己性的重合。死亡是一种存在方式，而"尚未"正是从这种存在方式中产生的。

---

〔3〕 由海德格尔引自《波希米亚的耕夫》, *Être et Temps*, §48, p. 182. 参见中译本第282页。

作为时间起源的向死存在

死亡是一种结局，但同样也是一个追问，这是我们研究 *53* 的重点。需要确定的是，这种追问的方式如何与经验的主动性（positivité）、显现的现象性、理解力和对被给予物的把握形成对比——这不仅体现在我的思想中，也体现在证实一切主动性的主动品质的每一种表现中。追问是普遍性所关涉的信念或意见（doxa）被彻底颠倒的方式，是这一意见被颠倒为问题的方式。追问不是判断的一种方式，而是超越了判断，不是另一种判断，而是没有提出疑难的追问。在追问中，转向他者得以实现（任何追问都是请求和祈祷）。转向他者包含了理论思维或信念思维本身，只要它对自身提出质疑（灵魂与自身的对话不正是因为对他人的质疑才成为可能的吗，即使理论思想在其运作中并没有考虑到这一维度？），这将是一种面向他人的转向，而不是为了与他人合作，这种转向在其追问中并不提出先于生存的问题（因为问题并不先于生存）。

终结所象征的死亡，只有通过让自己对他人负责，才能衡量死亡的全部意义，而实际上，正是通过对他人负责，自己才成为自 *54* 己：通过这种不可剥夺、不可推卸的责任，自己才成为自己。我正是对他人的死亡负责，以至于将自己也投入了死亡之中。这或许可以用一个更容易接受的命题来表述："只要他人是必死的，我就对他负责。"他人的死亡，是第一位的死亡。

正是从这种关系中，从这种对他者之死的尊重中，从这种与无限的关系的追问中，时间才不得不暴露自己。这已经超越了海德格尔，海德格尔寻求对死亡的经验，对他而言，死亡的终结被肯定为虚无，而没有任何东西能够超越虚无，超越死亡的虚无在此在中的作用方式。

海德格尔想要抓住此在，也就是人，也就是成问题的存在这一事实。他想要在此在的总体性中掌握它，而不仅仅是掌握某一个方面（尤其是此在在其平均日常状态中丧失自我的方面）。他希望从它据有自身的方面，从它本己地、本真地据有自身的方面来把握它。而这种自我据有将表现为向死存在或向死而在（就像说人们爱得发狂，这意味着爱到不讲道理）。

对于此在来说，死亡并不是达到其存在的终点，而是在其存在的每一刻都接近终点。死亡不是其存在的某一时刻。死亡不是一个瞬间，而是此在一经存在就会采取的一种存在方式，因此，"去存在"这个表达也意味着"去死亡"。不是在未实现的未来才必须想到死亡，相反，源始的设想时间的方式正是从这个也是"去死亡"的"去存在"出发。就像此在，只要它存在，它就永远是一个"尚未"，它也永远是它的终结。它是它的终结，或者它处于它的终结：这是动词存在的及物性的意义（动词存在的及物性是海德格尔最伟大的发现）。

时间是终有一死者的存在方式，因此，对向死存在的分析将成为新的时间概念的起源。时间是向死存在的未来，这个未来完全由向死存在这一独特关系所定义，它是先行于自身的存在，同时也是存在的整体，是本己存在自身。

死亡必须被理解为终结，这并不意味着此在已经到了尽头，而是意味着这个存在者在某种程度上是向着终结而存在，意味着在这个存在者中发生的事件都将走向终结。这里存在着一种新的、不可还原的关系：不可还原于与外在之物的距离，也不同于成熟。

有别于成熟的向死存在意味着什么？本来，将来就是死亡的临近。与死亡的关系是在操心的形式结构基础上思考的，操心就是此在（不得不存在其存在的存在者）本己的存在方式。这种存在方式由三重结构组成：先行存在；已经在世界中的存在（实际性）；寓于事物（世界在其中被遗忘）。这三重结构如何在向死存在中统一起来呢？

向着终结而存在是一种尚未，但这种尚未是此在所指向的尚未，此在将其视为来临而予以欢迎。此在并不表象这种尚未，也不思考它，这种欢迎也不是一种期待。这类似于胡塞尔的前摄（protention），但带有威胁的维度。海德格尔在这里谈论的是一种力量：我有一种紧迫的力量（pouvoir）。在此，死亡是此在必须承担的一种可能性，是不可转让的。我有一种属我的力量，对我而言是本己的（对海德格尔而言，"力量"一词也适用于死亡）。随着死亡的到来，此在走向其最本己的可能性的迫在眉睫。在向死存在中，这种紧迫的可能性涉及受到威胁的在世界之中存在本身，但这种威胁来自在世界之中存在和去死亡。这种关涉到此在的紧迫的力量，是不再存在的可能性——或偶然性（l'éventualité）。对此在而言，向死存在就是先行于自身。这是每个此在都能为自己创造的可能性。

这种极端的、不可超越的可能性就是非存在的临近：死亡是此在彻底不可能的可能性。因此，它的临近具有特权，以"我能够"这种临近的方式具有特权：它是一种以其不可转让、排他性、不可撼动性为特征的可能性。作为可能性的与死亡的关系是一种例外的"向"（à），一种特殊的"为"（pour）的特权。

现在，这种关系只有通过此在的结构才是可能的，此在必须存在，也就是说，在其先行于自身的基础之上。先行于自身存在在向死存在中是具体的。同样，实际性和寓于事物的存在也包含在向死存在之中。在其自我性中，在其向来我属中，此在只有作为终有一死者才是可能的。不朽的人是自相矛盾的。

死亡、畏和怕

1976年1月16日星期五

时间和死亡，这些主题都从属于对存在者的存在意义的探寻，这种探寻本身并非来自探险家的好奇心，而是人的本质，是人的存在的特征。作为一个存在者而存在，这就已经是一个问题。这种被追问的本质等同于人之人性的此在，人是一种存在者，其存在等同于成问题的本质。这种问题的提出也是对存在的前理解，它是通过承担责任的方式进行的，在此在中承担，并以最不可逆转的方式强加承担，以至于使其本身成为我自己的。因此，这种最高级获得了属我性的意义，以至于作为成问题存在的存在是一个自我性的问题。这种对责任的承担是人的存在方式，它被展现为此在，展现为在此存在，展现为在世存在，而在世存在又被展现为操心，操心则被分为一种三重结构：先行于自身存在（ek-sistence），作为已经在世界之中（facticité），寓于事物之中（在事物中分散或遗忘）。

因此，海德格尔试图通过分析重新发现这些不同时刻的总体性或完整性。正是在这种将此在结构视为一体的操心中，我们发现了时间和死亡等概念。人之存在的总体，难道不正是他从生到 死的生命？难道不是他所填满的时间，不是已逝时刻的总和吗？标志着时间终结的死亡，不就是此在的总体性和本己存在吗？还是我们在这里使用了庸俗的概念（以非本真的方式而非此在本己的方式阐述）？

我们已经证明，将死亡理解为一系列时间单位的终结，并不适用于严格意义上的此在的生存论结构，甚至与之相悖。在以这种方式理解的死亡中，此在已经被解释为一种在展示中呈现的实在的存在，并且符合一种实在世界存在者的存在方式；因此，我们试图从生存论结构的角度来重新思考死亡，即此在的终结。死亡并不是由日夜构成的持续时间的终结，而是一种永远开放的可能性。永远开放的可能性是最本己的可能性，是排斥他人，是孤立的可能性，是极端或不可逾越的可能性。"最本己的"指的是它与向来我属性的联系，并且又进一步从去存在导向自我性。如果思考彻底的话，向来我属性就是死亡：只有我在死去，只有必死者才是我。

这种"最本己"的可能性不是"偶然地"发生在此在身上的事情。它是一种可能性，此在已经被它所束缚。这种向来已经如此由一个情绪（Stimmung）所证明：向死存在已经属于在世存在，无须此在明确地意识到它。这个已经过去的过去在畏中得到了证明。

畏是一种情感，而情感对于海德格尔来说总是具有两种意向性：一种是对之，一种是为之。我害怕狗，也为我自己感到害怕。现在，在畏中，这两个方面相互融合了。畏是为了存在对死亡的畏，这恰恰就是向死存在。能在面临死亡的危险，但能在恰恰是威胁自身。

59 这种情感并不是对生命终结的恐惧（crainte），而恰恰是对此在作为被抛的存在，生存在朝向终结之中这一事实的开放态度。此在去存在，但去存在也意味着去死亡。实际性由此再一次被发现。但我们也发现了衰败的时刻：平均日常状态中对死亡的无知是一种向死存在的方式，是一种证明了与这种畏的关系的逃避。此在只要生存着，就事实上在死着，但却是以逃避、衰败的方式。人们在贴近事物中，并从平均日常状态的事物中解释自身以逃避死亡。

因此，海德格尔通过向死存在表明了此在的源始决定性。他从日常的存在出发，把分析更加推进一步。这种日常的存在是在死亡前的逃离，因而也是对死亡的真正承认。比起人们为了思考死亡而让自己平静下来的方式，这种逃离更像是本己的向死存在。

　　那么，向死存在是如何在日常生活中体现的呢？自我本身并没有在逃离中消失，因为那样的话此在也就消失了，但它确实丧失了自身（但这仍然是一种存在方式，是一种向来我属）：在常人（das Man）之中——如果没有向来我属，这个常人就不可能存在，它是向来我属的一个变式。

　　由此，问题又在更广泛的范围内被提出来：这个常人，在其中，本己变成非本己的，是否仍然向死存在？海德格尔的回答是，逃离、躲避死亡是一种有缺陷的方式，意味着向死存在的主动性。常人的特征在于其闲言（Gerede），而这种闲言正是对向死存在的诠释，这是对死亡的逃避，是一种分心。有一种特殊的情感构成了这一逃避，即畏被还原为怕。畏变成了怕。死亡变成了死亡的案例。人们死了，但没有具体的人死。他人死了，但这是一个世内的事件（对海德格尔来说，他人的死亡也是一个世内的事件）。死亡是可能发生但此刻尚未发生的事情。人们会死，但不是我，我也不会马上死。这是一种模棱两可的语言，在这种语言中，向来我属的死亡成为一个中性的公共事件，一则新闻事件。常人通过赋予客体有效的实在性，抹杀了死亡永远可能发生的特征。我们安慰自己，就好像可以逃避死亡。公共生活不愿意受到死亡的打扰，它将死亡视作一种失礼的行为。海德格尔写道："常人不让畏死的勇气浮现。"[1]

60

---

[1] *Être et Temps*, §51, p. 187. 参见中译本第292页。

日常平均状态的情绪就是面对事件时的恐惧。在逃避死亡的过程中，常人道出了死亡的必然性和确定性。但这种确定性纯粹是经验性的，而与死亡的真实关系的确定性是先天的，面对这种确定性，经验性的确定性是一种逃避。死亡是一种绝对确定的可能性；它是使一切可能性成为可能的可能性。

从死亡出发思考时间

死亡是显现的颠倒。与显现相反，死亡就像是存在向自身的回
归，在这里，作为符号（signe）的存在回归自身，不再能做出回应。
这是一种与现象学相对立的运动。然而，死亡本身究竟应被视为一
种终结，是存在在其消亡的绝对意义上的终结，是其显现的终结，
还是一个没有实在性给予的问题，一个没有任何内容涉及任何一种
意见（doxa）——问题可以被视为对意见的变式——的问题？

死亡是终结的现象，同时也是现象的终结；它冲击着我们的思
维，使我们的思维产生疑问，无论是在未来（如果我们像海德格尔
那样将自己的死亡视为特权的话）还是在当下。作为一种终结现象，
它涉及我们的思想、我们的生命，而我们的生命就是思想，即一种
表现自身的显现（manifestation），一种时间性或异时性的表现。

问题在于，对于表现的时间性而言，这种终结是什么，对于时
间而言，死亡是什么。什么是生命的终有一死？这是我们研究的真
正问题，即死亡对于时间的意义。

对海德格尔来说，死亡意味着我的死亡，即我的毁灭。对他来
说，探究死亡与时间之间的关系，是为了确保在对此在的分析中，
把握和描述此在的本真性或完整性。因为死亡从一开始就标志着此
在的终结，正是通过死亡本身，此在——或者说作为存在者的形式

的人，作为此在的事件的人——才是它所是的总体，或者说才是本己的在此。

海德格尔由此指出，死亡并不是此在的最后一瞬，而是人之为人的存在方式的特征。由此产生了向死存在的概念，它意味着面对不再存在的可能性而存在，这种面对如此的存在表明的不是在我的存在中加入对终结的思考。向死而生，就是通过我的存在与死亡发生关系。

这里有一种与死亡可能性的生存论关系。一种不可还原的或特权的关系，海德格尔从这种死亡可能性的特权特征出发，将其描述为一种我们的力量的可能性，一种能够把握的可能性。这种可能性是：

– 最本己的可能性——一种本己在其中发生的可能性；

– 不可转让的可能性——一种因而是我的或自我性的可能性；

– 孤独的可能性——既然它是最本己的可能性，它就切断了与他人的一切联系；

– 超越所有其他可能性并使它们黯然失色的极端可能性——通过这种可能性，此在将自身从所有其他可能性中解放出来，而其他可能性则变得无足轻重。

使这种可能性成为可能的力量将此在的结构明确地统一为操心。而先行-于-自身-存在正是被抛-于-不再-存在-于-世界-之中-的可能性。但另一方面，操心也是实际性，是不经选择便已存在于世界之中的事实。最后，这种向死存在已经是衰败，已经是平均日常状态中的寓于事物之中存在，在这一平均日常状态中，死亡也有其慰藉和娱乐，被视为在世界中发生的事件（他人之死）。

63 海德格尔正是从这一回避出发，采用新的方法来揭示向终结存在的另一个特征：死亡的确定性。这种确定性是在平均日常状态的基础上来描述的，而平均日常状态逃避这种确定性。

48

平均日常状态的存在方式首先包括闲言。这种闲言概括了人们对死亡的态度：有人正在死去，总要死的，但不是现在。因此，死亡确实是确定的，但死亡的严重性因这种推迟而变得平和。这就是闲言的模棱两可，其中的确定性并非死亡的本真确定性。因为确定性是真理的一种模式，它本身就是一种发现，一种揭示，而只有当此在向自身敞开时，这种揭示才是本真的揭示。然而，在平均日常状态中，此在恰好没有向着自身敞开。确定性首先意味着此在的确定行为。平均日常状态中的此在掩盖了其最本己的可能性——因此它处于非真理之中。它的死亡的确定性是不充分的，是被掩盖的。死亡是一个在世的事件；与之相关的确定性来自经验，与他人逝去的事实相吻合。

在衰败的方式中，此在是否逃离了死亡的确定性？它的话语是否让它逃避了确定性？它躲避死亡——正是这种躲避才是与死亡的真正关系。正是因为被迫逃离死亡，它才证明了死亡的确定性。它对死亡的逃避才是对死亡的证明。我们就是这样得出死亡的完整特征的。死亡是确定的，这意味着它总是可能的，在任何时刻都是可能的，但正因为如此，它何时到来又是不确定的。这就是完整的死亡概念：最本己的可能性，不可逾越的可能性，孤独的、确定又不确定的可能性。

还有待说明的是，向死存在的本真存在方式是什么？必须证明，死亡可能性的力量并不是一种平庸的力量，一种与其他力量一样的力量，这样它就一无所获。与这种可能性的关系意味着什么？就是将这种可能性作为一种可能性来维持，必须在不将其转化为实在的情况下维持着它。与所有其他可能性的关系都以实现这种可能性为特征。与这种特殊可能性的关系则以先行（Vorlaufen）和预期为特征。对这种迫在眉睫的可能性的预期就在于保持这种可能性。

死亡的可能性并没有被实现（也没有实现任何东西）。死亡并不是死亡的瞬间，而是与作为可能的可能相关联的事实。这是一种与可能的特权关系，这种关系不会因其实现而终结；这种与作为可能的可能相关联的独特可能性就是向死存在。"死亡，作为可能性，不给此在任何'可实现'的东西，也不提供任何此在本身作为现实的东西能够是的东西。"[1]

如果生存是一种与生存的可能性相关的行为，如果它在其可能性的生存中就是总体的话，那么它只能是为死亡而存在。如果存在就是去存在，那么存在就是向死存在。先行于自身存在正是向死存在（如果向死存在被取消，那么先行于自身存在也就被取消了，此在也就不再是一个总体）。这就是人如何在其总体性中被思考，也是此在如何在任何时候都是整体的：在它与死亡的关系中。

在这一描述中，我们可以看到，时间是如何从其时间长度——可测量和可计量的时间——中被推导出来的。我们可以看到，可测量的时间不是原初的时间，与未来的关系是如何作为一种可能性的关系而不是现实的关系占据首要地位的，因此，这种思想的具体思考方式就是对死亡的分析。正是通过死亡，才有了时间，才有了此在。

<hr>

[1] *Être et Temps*, §53, p. 192. 参见中译本第301页，原文脚注有误，应为德文原版第262页。

在海德格尔之内：柏格森

1976年1月30日星期五

死亡作为毁灭标志着此在。它意味着一种时间，类似于在出生前和死亡后无限延伸的长度。这个时间是计数的，我们在日常生活中也会计数：它就是日常性本身。这种时间是存在展开的维度，是存在本质的产生。对海德格尔来说，死亡作为毁灭以这样一种方式标志着此在，即日常时间是此在的结果。日常时间中死亡时刻的终极性来源于其必死性。因此，在线性时间的背后存在着更深的时间或源始时间，而这只能从必死性中理解，必死性被理解为一种可能作为可能而发生的能力，也就是说，这种可能的假设并没有导致它丧失其作为可能的偶然性。

此在，就是去-存在的表达方式，而这种去-存在是一种结构，它表达了一般存在是有问题的，而且被前-理解了。然而，去存在就是面对我的存在作为存在者而存在，就像对于可能，或者尚未存在一样。这种尚未不是线性时间的尚未。这种尚未就像是作为可能的可能而存在。这就是向死存在。因此，接近死亡并不是接近实现，而是让这种可能作为最本己的可能更清晰地显现出来。死亡，并不是一种实现，而是所有实在的虚无化。这里有一种所有关系中最独特的关系，在其中，去存在就是去死亡。

正是因为暴露于最本己的可能性中，在死亡的力量中，意义才被投射了出来，这也是所有计划的指向：未来。由此，在不诉诸量

65

66

化时间概念的情况下，我们看到了未来，看到了一种比日常时间更本己的源始时间概念。

如同在柏格森那里一样，这里主张时间有不同的层次。整个西方传统都是通过测量（亚里士多德说时间是运动的数量）来对待时间的。在柏格森看来，线性时间是时间的空间化，目的是作用于物质，这是理智（l'intelligence）的工作。源始的时间被称为绵延，是一种生成，每一瞬间都充满了过去和未来。绵延被体验为向自身的沉沦：每个瞬间都在那里，没有什么是确定的，因为每个瞬间都在重塑过去。

在海德格尔看来，源初的时间，即在人身上实现的此在的时间，描述了此在的有限性。它在畏中实现，在日常中消散。在海德格尔看来，无限的时间是从原始的有限性中演绎出来的。对柏格森来说，有限性和不可动摇的死亡并不刻印在绵延中。死亡铭刻在能量的退化中。死亡是物质、智力和行动的特征；它铭刻于被海德格尔称为现成存在的东西之中。相反，生命是绵延，是生命力，我们必须把绵延、生命力和创造性自由结合起来思考。"所有生物都团结在一起，都屈服于同样强大的力量。动物倚靠着植物，人类跨坐在动物身上，整个人类在空间和时间上都是一支巨大的军队，在我们每个人的身边，在我们的面前，在我们的身后，都涌现出一股冲67 劲，能够冲破一切阻力，克服许多障碍，甚至是死亡。"[1]

虚无是一种错误的观念，死亡也不等同于虚无，所以人成为一种不向死存在的方式。

但是，生命力并不是柏格森式绵延的终极意义。在《道德与宗教的两个来源》中，在《创造进化论》中被视为生命力的绵延变成

---

〔1〕 Bergson, *L'Évolution créatrice*, in *Œuvres*, Paris, P.U.F., 1970, pp. 724-725.

了人与人之间的生命。绵延变成了一个人可以诉诸另一个人的内在性的事实。这便是圣人和英雄超越物质的使命，这些圣人和英雄通向一种开放的宗教，在这种宗教中，死亡不再具有任何意义。

这种对时间的感应（sympathie）并不是存在之为存在的戏剧。这不是因为它是一种生成的哲学，而是因为去存在没有穷尽绵延的意义。相反，对于海德格尔来说，存在是一个事情，是Sache。存在面对其自身虚无的方式就是存在自身。去-存在中的"去"要从其存在出发来理解。追问是其存在行为的一种方式。

根本的问题：康德反对海德格尔

1976年2月6日星期五

68 为了进行彻底的思考，死亡和时间的最终指向是否必须是存在论，也就是对作为存在之为存在的思考？海德格尔就是如此。对他来说，死亡和时间被思索为存在之为存在的方式。死亡是在世存在的终结，而作为这个终结，它是以人的向死存在为基础来阐释的，而向死存在则是对在人身上成问题的存在的前理解。死亡作为在世存在的终结，使死亡具有畏的特征。这是一个在畏中以勇气而不是纯粹被动性面对死亡的问题。在死亡中，向死存在被描绘为去存在，作为在其"尚未"中的存在。除了存在的史诗，没有其他史诗。存在（Être），就是在问题中存在，在问题中存在，就是去-存在（à-être），去-存在，就是此在（être-là），此在，就是作为向死存在而在世存在，是将自己筹划到可能性之中，而在筹划到可能性的过程中，是作为此在而不是现成存在，存在于其整体之中。

由此可以得出一种时间的特征，源始时间的特征，我们的日常时间不过是其衰败，或者，用一个不值得看重的词来说，不过是一个倒退。在畏中将死亡视为可能，就是源本的将-来（也就是去存

69 在本身），就是被过去卷入的将来，因为畏是一种情感，包含着总是已经和已经在此的情感，时间的整个结构都源于与死亡的关系，而死亡是一种存在方式。

此在的自我性是在其自身存在——等同于自身虚无——的基

54

础上被理解的。自我性源于其自身的有限性。它是存在的一种方式（不仅是我在存在之中，还是人的方式就是存在的方式）。人的所有东西被还原为存在论。此在的特权在于其存在论意义上的生存。人的一切，人的一切方式，都是副词：不是属性，而是存在的方式。人的人性归结为存在（在这个意义上，请参阅《关于人道主义的书信》，在这封信中，成为人就是为存在服务，就是成为其冒险的一部分，就是成为存在的牧羊人，成为存在的守护者）。人的人性与对死亡的关切息息相关。人类的时间就是这种向死存在的意义。

这就提出了一个根本的问题。意义是不是存在的事件？存在是意义的象征吗？作为意义秩序的人性、作为意义或合理性或可理解性的理性、作为精神的精神和作为人的表现形式的哲学，是否都将自身归结为存在论？所有问题的问号是否都来自这一问题：存在意味着什么？（海德格尔肯定了这一点：对他而言，没有其他问题，即使这一问题立即成为对死亡的畏。）是否所有的事物都在存在之中上演，在它自身的存在之中？（通过这一问题，我们对《存在与时间》的开篇论述提出了质疑。）关于人的一切疑问，是否都可以归结为这一问题：存在是什么？或者说，在这个问题背后，难道没有一个更具追问性的问题？以至于死亡尽管是确定无疑的，但它并不能归结为这个问题，也不能归结为存在还是不存在的交替？难道死亡只是在存在的情结中打了个结？难道他人的死亡就没有突出的意义，而只在一个并不还原为它的存在的事件中意味着什么？在我们的存在中，难道没有对我们的存在并不重要的"事情"发生吗？如果人性并没有在为存在服务的过程中耗尽，那么我对他人的责任（其重点是：我对他人死亡的责任，我作为幸存者的责任）难道不是在"存在是什么"这个问题的背后，在我对死亡的畏背后吗？并且，时间难道不需要一种不同于对未来的筹划的解释吗？

我们现在必须来看看哲学史的某些方面，这些方面揭示了存在论没有穷尽的意义，相反，这些意义可能会挑战存在论作为包罗万象的人类探险的主张。海德格尔让我们习惯于在哲学史中寻找存在的历史；他的全部工作都致力于将形而上学带回到存在的历史之中。但是，无论存在的姿态（la geste d'être）处于何种位置，哲学史难道不是指向另一种关注吗？存在的超越是否就铭刻在存在的姿态之中？存在相对于存在者的超越性（海德格尔能够揭示其意义的超越性）是否允许我们对其进行思考？难道对上帝的畏在哲学中除了存在的遗忘和存在论神学（l'onto-théo-logie）的徘徊之外就没有其他意义了吗？难道可能已经死了的存在论神学的上帝就是唯一的上帝？上帝这个词还有其他含义吗？（这就是信仰者们的想法，至少是那些人们称之为和自称为信仰者的人的想法，他们认为信仰比存在论神学更有思想、更开明、更清醒）。把所有哲学努力都归结为存在论神学的错误或徘徊，这只是对哲学史的一种可能解读。[1]

71 　　因此，海德格尔坚持将康德哲学，尤其是《纯粹理性批判》，简化为对存在的有限性的第一次彻底展示。但是，在康德看来，哲学的四个问题（我能知道什么？我必须做什么？我有权希望什么？人是什么？）中，第二个问题以后两个问题为基础，其重要性似乎超过了第一个问题。"我能知道什么？"的问题导致了有限性，但"我必须做什么？"和"我有权希望什么？"的问题走得更远，无

---

〔1〕　参见 *Autrement qu'être*, p. x："但听见一个未被存在所污染的上帝乃是一种人性的可能，其重要性与不确定性并不比将存在从其遗忘——据说，在形而上学和存在论神学中，存在已经被遗忘——中带出来要小。"

论如何都超出了有限性。这些问题并不还原为对存在的理解，而是关乎人的义务和拯救。

在第二个问题中，如果我们从形式上理解，它并不涉及存在。意义可以不参照存在，不诉诸存在，不必通过对被给予的存在的理解才有意义，这也是《纯粹理性批判》的先验辩证法的伟大贡献。

在现象（＝被给予的存在）构成的条件中，除了空间和时间，还有知性根据范畴进行理解的综合活动。范畴是被给予的构成：我们所能认识的是范畴所构成的给定的存在。但是，为了有某些东西被给予，我们还必须诉诸实在的全体，它是一个从未被给予过的先验理想，它从未接受过谓词存在，与之相关，经验的给予对象被认为是完全确定的。

这个先验的理想是一个有意义的、必要的概念，但把它看作存在是错误的。将它看作存在并由此证明上帝的存在，这是辩证的，但也是反常的。先验理想是具体的思想，但康德否认它是存在的，因为它是以存在的原型，也就是现象为指导的。在这个意义上，理性具有超越存在的观念。

这一立场确认了被给予存在的一切有效意义的有限特点，但却 72 与实践理性相矛盾。康德通过转向实践层面来质疑有限性。在理论通向存在的道路之外，还存在着一种实践意义的模式，它通向不可辩驳的意义，在这种意义中，死后不能被视为死前时间在死后的延伸，死后有其自身的动机。实践通向存在的道路完全独立于认知的道路。因此，包含在存在的有限性中的死亡就成了一个问题。时间变成了一个相对的概念。

还有道德与幸福相调和的问题，无论《纯粹理性批判》的存在论真理如何，这个问题都有其自身的意义。康德由此表明，在思想中存在着具有自身意义的意义，而不会还原为存在的史诗。

在对道德法则的尊重中，我是自由的，虽然从理论上讲，我属于必然世界。上帝和灵魂的不朽是理性所要求的，只有这样，美德与幸福之间的一致才是可设想的。这种一致不依赖于存在论的冒险，也与存在论所教导我们的一切相悖，它要求一种后果。在显现的存在中有一种自身的动机。康德当然不认为，我们应该在有限的时间之外设想一种延长的时间，他也并不要求某种生命的延续。但是，存在着一种希望，存在着一个可以容纳希望的世界，存在着一种希望所应有的动机。在由死亡决定的生存中，在存在的史诗中，有一些东西无法进入这一史诗，有一些意义无法被归结为存在。这种希望不可能有理论上的答案，但它是一种自身的动力。这一希望发生在时间之中，又超越了时间。

73 　　因此，康德的实践哲学，给了第二和第三个问题一个回答，这个回答并没有被还原为存在与被给予在其中上演，被给予在其中显现的术语，也没有被简化为第一个问题的术语（这并不意味着康德成功地证明了上帝存在和灵魂不朽）。

　　康德的实践哲学表明，海德格尔式的还原并不是必然的。在哲学史上，可以有一种与有限性不同的意义。[2]

---

〔2〕　作为本讲和下一讲的参照，请阅读 *Autrement qu'être*, p. 166（中译本第311—312页）的这段话："如果，人有权在忽略一个哲学体系的建筑的全部细节时留住这个体系的一个特点（尽管根据瓦雷里的深刻说法，在建筑之中并无细节，而这一说法对哲学构造——此中只有细节才防止坍塌——是极有价值的），那么我们这里就会想到康德主义，它在人们愿意以之为先的'此处到底有什么'这一问题之外，在诸种存在论在其上受挫的永生与死之外，为人[之为人]发现了一个意义，而却又不以存在论来衡量这一意义。永生与神学并不能决定绝对命令，这一事实即表示着[康德的]此一哥白尼革命之新颖，那不由存在或不存在来衡量的意义，以及那相反地却在意义的基础上被规定的存在。"

阅读康德（续）

1976年2月13日星期五

海德格尔式的思想在对向死存在的分析和对原初时间性的描述 *74*
中显示得很清楚，且大放光彩。死亡与时间的终极指向是存在的意
义问题，即存在之为存在的存在论的问题。时间性是一种朝向未来
的绽出（ek-stase），这是首要的绽出。这种朝向未来的绽出是在期
待中招致死亡；这种面向死亡的姿态是将自己暴露在作为可能性的
可能性面前；这种面向可能性的姿态是先行于自身存在。先行于自
身存在＝此在＝去存在＝对存在意义的前理解或前探询＝成问题的
存在＝存在。这就是《存在与时间》的道路。

因此，整个人类的冒险都被归结为存在之为存在。所有可能
具有意义的事物，所有筹划，所有理解都被归结为存在，而死亡则
是最终的、确定的、最本己的、无法超越的可能性，或者说，时间
（思辨性地）回到了存在之为存在的史诗，也就是向死存在的史诗
中。在这一冒险中，时间的维度，甚至非时间性或理想的维度（在
胡塞尔那里，永恒的理想已经是一种全方位的时间性了）都将回
归。没有永恒；永恒与线性时间一样，是有限时间的一种样式，它
源于源始时间。回到这一存在史诗中的，还有以其独特性、自我性 *75*
和本真性（本己性）而存在的人。

提出这一激进的问题，就是要问，人的人性，人的意义，是否
可以归结为存在之为存在的情结（l'intrigue）？意义是存在的事件

吗？所有交织在存在之中的情结是否只是展现了存在的冒险，只是写下了存在的史诗（见特拉克尔的解释：[1]理解这首诗就是回到对存在的思考）？这是一个根本的问题，因为它涉及《存在与时间》的原初论断。

从海德格尔对所有价值哲学的斗争和反讽中，可以看到这种将任何问题还原为存在的做法。在这里，问题不在于发现或恢复价值，而在于能够超越价值，使得某些东西可以在思想中显现。这也是我们上周阅读康德的原因。重点不在于从他那里找到上帝存在的证明，以平息我们面对死亡时的痛苦，而在于表明在主体性和现象的有限性中（《纯粹理性批判》是一种有限性哲学），存在着一种理性的希望，一种先天的希望。康德所满足的不是生存意志，而是完全不同的意义的组合。先天的希望，即有限理性所持守的希望，因此，与必死性一样，是一种合理的、理性的希望，但这种意义并不能拒斥作为存在者（＝有限存在者）的存在所显示的死亡，也不能把不朽的希望简单地还原为向死存在的衍生物，因而也不能还原为此在的原初时间性。这里有一个完全别样（tout autre）的动机，一个理性的动机。

这种意义的指向并不拒绝向死存在，海德格尔认为，向死存在是有限性的前提。这正是康德实践哲学的伟大之处：通过希望来思考一种在时间之外（un au-delà du temps）的可能性，但显然不是延长时间的之外，不是存在（将要存在［serait］）的之外，也不是原初时间的日常衍生，而是理性的希望，仿佛在有限的时间中，另一个原初性的维度正在开启，这不是对有限时间的否定，而是具有与

---

〔1〕　参见 *La Parole dans l'élément du poème*, in *Acheminement vers la parole*, trad. J. Beaufret, W. Brockmeier et Fr. Fédier, Paris, Gallimard, 1976, pp. 39-83。

有限时间或无限时间别样的意义。这种绝望中的希望的意义并不能消除死亡的虚无，它给予死亡另一种意义，与从存在的虚无中获得的意义不同的意义。这种希望不是为了满足幸存的需要。

似乎与无限的另一种关系标志着这种希望，死亡及其虚无是这种关系的终极强度和必要条件。就好像在人类身上，在向死存在的背后，存在着对不朽的希望的情结，这种希望不是以时间的长短和永恒来衡量的，因此，它具有一种别于向死存在的时间性。这种情结被称为希望，但并不是通常意义上的，即在时间中等待的意义上。这是一种拒斥所有认知、所有灵知（gnose）的希望。在这种关系中，时间和死亡具有别样的意义。

除了从理论上进入现象的存在——这只发生在有限存在的时间和空间中，只让我们进入被范畴束缚的现象，而不是进入本体（noumène）——之外，康德还在道德行动的意义上考察了人的生存或理性的主体性，这种意义可以在不成为存在的知识的对象的情况下得到明确。

道德行为以其普遍准则为特征，人的意志按照法则行事即为自由。这种自由回溯到理性，回溯到准则的普遍性。康德认为，道德行动的自由意味着独立于一切神性，独立于一切彼岸（au-delà）的东西（康德从自由行动出发描述了神性）：我们内在地受到道德义务的约束。对于道德行为而言，上帝并不是必要的——相反，只有从道德行为中才能描述上帝。只有当我们在道德行为之外渴望幸福，上帝才成为必要的。

希望将来自一种符合幸福的美德的理性特征。只有当幸福与使我们配得上幸福的东西相一致时，幸福才是可以接受的；同时，仅仅道德自身也不是最高的善。无论是单纯的幸福，还是单纯的美德，它们都有损于理性。要使善完美无缺，任何没有做出不值得幸福的行为的人，都能够有希望参与幸福。在"别样的生活"中，在死后（在一种别样的生活中，在一种别样的存在中），有希望得到在上帝那里才有可能的德福一致。我们必须如灵魂不朽和上帝存在那样行事。这是一种与所有知识相悖的希望，但又是一种理性的希望。允许上帝存在和灵魂不朽是理性所需，但最高的善只能寄希望于上帝。

这里的关键在于，希望并不是指对某种应该发生的事情的期待。期待所通向的是知识所能包含的东西。在此，希望是与预知不同的东西，与生存欲望不同的东西（对康德而言，死亡是可知之物的界限）。但这种希望也不是主观的怀旧。它所指向的比人的行为要多，比存在要少。但我们可以扪心自问：比人的行为更多而比存在更少的希望，难道不是比存在更多吗？

在死亡之后，时间不会继续。知识总是与它所知道的东西相称。与过度之物（démesuré）的关系就是希望。因此，希望必须如时间性自身一般被分析。希望是一种与超出存在的关系，而超出存在永远不会被肯定为存在者，也永远不会被指示为与知相关联的东西。在此基础上，可以构想出一种主体性，它可以与无法实现的东78 西发生关系，当然，不是与不现实的浪漫主义发生关系，而是与一种超越于（au-dessus）或别样于存在的秩序发生关系。

我们从康德主义中保留了一种并非由与存在的关系所决定的意义。这种提法来自道德并非偶然，由于其准则的普遍性，这种道德当然是理性的。这种对超越于存在的意义的思考是伦理的必然结果，也并非偶然。

如何思考虚无？

1976 年 2 月 20 日星期五

　　康德式的假设并没有假设时间之后的时间。理性化的希望不是 *79* 等待时间中的事件来填补希望的空白。在胡塞尔那里，直观充实了一个指示的目标，就好像希望有朝一日会使自身为人所知。在康德看来，这是不可能的：时间是感性的形式，属于知性对现象客观性的构成。如果理性化的希望能够实现，如果它能够在某一时刻显现出来，这就意味着不朽将有一个时间性的实现，以现象的方式被认识——但《纯粹理性批判》排除了这种与绝对的接触。理性的希望不能与在时间中的希望相提并论。

　　灵魂不朽和上帝存在的假设界定了一种希望，康德不是从感觉和思维的存在者的主观倾向中推导出这种希望的；它们不是（康德意义上的）"病理学"（pathologique）欲望的结果。康德不是从生存努力（conatus essendi）中推导出希望，也不是从存在论的冒险中推导出希望，就好像在精神、理性中，除了事实和存在，还存在着其他的东西。这是调和美德与幸福的理性希望；这是超越的希望，超越时间维度的希望——就好像人类的理性并没有在持守存在中耗尽 *80*（就像海德格尔的此在，其关键就在其存在之中），也没有在为存在服务中耗尽（作为存在的"守护者"）。因此，对存在的持守服务于一种合理性，一种理性，这种理性要求美德与幸福相协调。无论是幸福、美德还是义务，都不意味着存在者对其存在的依附，它们也不是由存在者对其存在的这种依附所界定的。理性的希望就像是对纯粹虚无之域（它并非一种在时间与被给予的存在之外的时间绽出）的一种超常规的意义筹划。

（注：除非我们将时间的绽出视为存在的延伸或冒险，正如在日常时间性中理解的对不可能的可能性的期待——时间作为存在的视域或我们所在的维度——除非时间不是与发生的事情而是与不可能发生的事情有关，这不是因为等待是徒劳的，而是因为期待的事物对于等待而言过于巨大，时间的长度是一种比它所容纳的还更多的关系。成为期待和时间的长度的希望已经是一种关系［在非负面的意义上］，是对剩余的欢迎。芬克展示了这种理性希望的重要性，他说，这种希望比任何行为都多，但比存在少。[1]因此，对芬克来说，存在仍然是终极概念，我们不能谈论超越存在的东西，因为那是神话。）

理性的希望非时间性地投射到纯粹虚无的领域，在向死存在的经验中，我们不可能忽视这一领域（在情感中，在畏中，我们不可能抹去死亡的消极特征），但我们也不可能认识、等同或包含这一领域；在这一领域中，无论如何，关系都是不充分的。当我们思考它时，就必须立即否定它，将它视为只在"引号内"可思考的意向相关项（noèma）。

我们不可能误解死亡的虚无，但也不可能认识它。即使这种不可知性还无法衡量死亡在其临近时对我们的**别于存在**提出的质疑。它还无法衡量死亡的否定性，而死亡的否定性比虚无更否定，它是

———————

[1] 参见 E. Fink, *Metaphysik und Tod*, Stuttgart, W. Kohlhammer, 1969, p. 72。

在"比虚无更少"中体验到的眩晕和冒险。否定性既不是思想，也不是感觉；纯粹的虚无是不可能被认识的，从亚里士多德到柏格森的西方思想几乎都具有**不可通达性**（l'inaccessibilité）。

在《创造进化论》中，柏格森对虚无思想进行了批判。"绝对虚无的观念，从取消一切的意义上理解，是一种自我毁灭的观念，是一种伪观念，只是一个词。如果说取消一物就是用另一物取而代之，如果说认为一物的不存在只有通过表现另一物才是可能的，如果说取消首先意味着替代，那么'取消一切'的观念就像方的圆的观念一样荒谬。"[2]至于死亡，它对柏格森来说是能量的衰减：熵（参看19世纪的物理学），物质达到了完美的平衡状态，没有潜能上的差异。不可能设想虚无。

而在海德格尔看来，有一条通向虚无的道路，它是一条非理智的道路：在畏中通向死亡的道路。海德格尔驳斥了虚无这一概念：虚无可以在畏中进入，而畏正是对虚无的经验。

现象学似乎使我们有可能思考虚无，这要归功于意向性作为通向自身之外的东西的观念，这种通向能够以非理论的方式进行（因此是在感受、行为等中，这些都不可还原为宁静的表象）。因此，在舍勒那里，情感通向价值。而对海德格尔来说，手工活动是对用具之为用具的揭示（对海德格尔而言，所有技术都具有揭示功能，它是一种发现和显现的方式），正如对他来说，情感是参与存在的方式（在世界之中存在就是被世界所触动）：是情感衡量了我的在世存在。同样，没有对象的畏，其对象是非对象：虚无。因此，海德格尔对死亡的描述唤醒了一种可能性，即不可能的可能性。在死

82

---

〔2〕 Bergson, *op. cit.,* in *Œuvres*, p. 734.

亡中，虚无是可以思考的。海德格尔之所以着迷于死亡，就在于他发现了在死亡中思考虚无的可能性。

但是，思想和经验的种种概念是否适用于这些通向虚无的方式呢？当存在于主体的位置时，我们才能谈论思考，但问题的眩晕却逃离了对死亡的思考，也使死亡逃离了思考。思考，仅仅是去生活吗，哪怕生活是意向性的生命？生命的意向性是不是如胡塞尔所说的那样在其底层保留了一种表象（一种设定的意见）？胡塞尔现象学赋予非表象性的意向性以地位，承诺了一种并非源于知的意义，但这一承诺并未兑现。情感的、实践的、快乐或欲望的意向性，都作为意向的设定（position）显示出自身，而每一个设定都隐藏着一个可以表述为谓词命题的逻辑理论："**每一行为或每一行为的相关项自身都隐晦地或明显地包含着'逻辑'的因素。**"[3] 每一个行为都是存在论的，任何思想之为思想都与意义相关。但是，虚无有没有可能在思想中被同等对待地思考呢？

思考虚无的不可能性可以追溯到亚里士多德。对他来说，不可能在畏中准确地思考毁灭。在亚里士多德那里，生成就是运动，不可能设想死亡的变化。**变化**（métabolè）是存在向虚无的转变，在这个意义上，亚里士多德似乎承认将虚无与存在分开来思考的可能性。但在他的分析中，腐化和虚无总是与生成联系在一起的。生成和腐化虽然有别于变异（alteration），但其结构却是相同的。亚里士多德似乎拒绝就虚无本身来思考虚无。

因此，在亚里士多德看来，虚无是作为本质的瞬间出现的，是有限本质的存在本身的否定性。尚未存在和不再存在都是否定性

83

---

[3] Husserl, *Idées directrices pour une phénoménologie*, trad. Paul Ricœur, Paris, Gallimard, 1950, § 117, p. 400, 着重强调为原文所加（德文原文参见 p. 244）。

的。只要当下是存在的尺度，时间性的虚无就会被思考。虚无是陈旧的、破旧的、被时间腐蚀的，但它又仿佛被存在所拥抱、包裹和承载（正如柏格森所认为的那样）。

在死亡中，纯粹的、无根据的虚无更为戏剧性地被感受到，这种虚无的敏锐性在死亡中比在存在的虚无概念中（在**有**［il y a］之中，因为有的伤害要比不显现更少）更强，我们触及了欧洲哲学所不曾设想的某些东西。

我们理解腐化、转变、解体。我们理解形式的消逝，而某些东西依然留存。死亡横跨这一切，难以想象，难以思考，但又不容置疑，无可否认。它既不是一种现象，几乎无法被主题化，也无法被思考——非理性始于此。即使是在畏之中，即使通过畏，死亡仍然是不可思考的。经历过畏并不意味着可以思考它。

虚无向西方思想提出挑战。

黑格尔的回答:《逻辑学》

1976年2月27日星期五

死亡的虚无是不可否认的,但与作为虚无的死亡的关系无论如何都是一种与希腊哲学,尤其是亚里士多德所认为的截然不同的否定性。从思考改变直到变化(metabolē),人们可能会认为已经将虚无与存在割裂了。实际上,在亚里士多德那里,即使变化也保留着变异(alteration)的风格,在其中,存在保留在虚无之中,以至于虚无并不被认为是纯粹的虚无。

对于思想来说,可知和自然的是作为解体的虚无、作为分解的毁灭,在这里,即使形式消失了,但某些东西依然存在。相对的消失是不难理解的。因此,在亚里士多德关于从无到有的两种模式(分娩和制造)中,自然和质料都是预设的。分娩是一种生成,而不是从虚无到存在的飞跃(种子已经存在了)。

因此,像死亡这样的虚无,经过严格的思考,不会孕育任何东西。它是一种绝对不确定的虚无,不暗指任何存在,也不是向往形式的混沌:死亡是某人的死亡,而某人的曾经存在,不是由死亡者来承担,而是由幸存者来承担。

在亚里士多德那里,作为潜能存在的存在在虚无中得以维持。问题始终涉及一个存在者如何成为另一个存在者的方式。现在,一个存在者所经历的存在起源和衰亡与本质的起源和毁灭截然不同。一切都在死亡中发生,就好像人不是一个单纯消亡的存在者,而是为我们提供了终结、消亡的事件本身——即使这一事件发生在陌生的模糊性中。

在他人的死亡中，在他暴露死亡的面容中，所宣布的不是从一个本质到另一个本质的过渡——在死亡中，有逝去这一事件本身（我们的语言也这么说，"它逝去了"），带着它本身的尖锐性，造成一种轰动（每一次死亡都是第一次死亡）。我们必须想到死亡中的一切谋杀：所有的死亡都是谋杀，都是夭折，都有幸存者的责任。

亚里士多德并不这样看待虚无。对他来说，虚无并没有摧毁世界；世界依然存在。

那么黑格尔呢？要弄清这一点，我们需要阅读《大逻辑》的开篇（第一卷，"科学必须以什么作为开端？"这一章）。

乍一看，似乎不可能在它的纯洁性中思考死亡的纯粹虚无。黑格尔在回顾了哲学曾置于开端的各种实体（水、努斯等）之后说，开端不能首先被认为是确定的。它必须在其不确定性和直接性中被理解。因此，哲学的开端就变成了开端的哲学。然后，思维将规定并意识到规定意味着什么：规定可以添加到这种不确定性中的各种谓词。

因此，我们必须从纯粹、空洞和不确定的存在开始。一开始需要的是必须成为某种东西的无。"它尚且是无，而它应该成为某种东西。开端并不是纯粹的无，而是一个应当引申出某物的无；因此存在也已经包含在开端里面"，黑格尔写道。[1] 因此，开端的模式，无论多么空洞和纯粹，仍然是世界中的开端：它是某物的开始，是

86

---

〔1〕 Hegel, *Science de la logique* (éd. de 1812), trad. P.-J. Labarrière et G. Jarczyk, Paris, Aubier-Montaigne, 1972, p. 45（德文版第12页）。译注：中译参考先刚译本，黑格尔：《逻辑学Ⅰ》，先刚译，北京：人民出版社，2019年，第51页。下同。

某物，而不是普遍存在的开端。在开端，已经有存在。这个开端是存在与虚无的统一，或者说既是存在又是非存在的非存在。

因此，我们立刻陷入了与亚里士多德所想的相似的境地：存在着虚无，但这是等待着存在，希望存在，即将进入存在的虚无。因此，人们可能会问，这样一来，我们是否已经假设了实体的存在？开端难道不是某种事物的开端，不是开端之物的开端吗？这个开端不像泰勒斯所说的水那样具有确定性，但也具有某种事物的结构。

开端尚未存在，但它即将存在；因此，它包含着从非存在中生长出来的存在，或作为其对立面将其扬弃（aufhebt）的存在。[2]虚无和存在在这里被区分为从之而出的起点和向之而去的目标。开端包含着这两种不同的状态，是它们的无差别统一体。

但是，我们在这里是否混淆了作为生长的生成（devenir）与绝对涌现（émergence）意义上的生成？在这些描述中，难道没有混淆相对的生成和绝对的生成吗？黑格尔被愚弄了吗？——好像黑格尔会被什么东西愚弄似的！

黑格尔的思想其实要激进得多。绝对的开端是一个常识性的概念；当我们思考时，我们会发现存在与虚无是不可分离的，它们是相同的，它们的统一就是生成。

87　　对亚里士多德来说，一切可理解的意义都必须回到不动的推动者，这是前提。正是在这一存在的静止中，生成达到了顶点；因此，谈论绝对的虚无毫无意义。在亚里士多德那里，事物的运动必须追溯到不动的推动者，而黑格尔则把运动引入了存在自身，把整个存在交给了运动。"在我的《逻辑学》中，没有一个赫拉克利特

────────

〔2〕　众所周知，是德里达建议用"relève"来翻译黑格尔的这个不可翻译的Aufhebung（扬弃）的，参见 *Le puits et la pyramide*, *Marges*, Paris, Minuit, 1972。

的命题不会被我重新提到", [3] 在此意义上他确实可以这么说。

　　绝对涌现与相对涌现之间的区别，实际上是对存在的粗浅理解。黑格尔不仅有意识地摒弃了这种理解，而且将其颠倒过来：在我们看来是相对的生成，恰恰是涌现、起源，也就是说，生成是绝对的，因此，我们无法在生成之前进行思考。

　　如果要思考开端，我们必须首先忍受它的虚无、它的不确定性。这是一种非常困难的苦行，因为我们习惯于从存在最强、最满的地方开始。但是，必须说明的是，存在一开始只是一个空洞的词，什么都不是，只是存在。因此，这种空虚正是哲学的开端。存在是第一个可以用理性的思维来思考的东西。

　　但是，应该如何思考它呢？这就是最重要的地方。

　　哲学传统将存在与非存在分开。在柏拉图和亚里士多德看来，在生成的世界中，埃利亚学派的区分是无效的，不存在纯粹的虚无。但这种区分仍然流传了下来：事物介于这二者之间，介于存在与虚无之间。那么，是否有可能思考虚无呢？黑格尔拒绝任何对虚无的神秘主义态度；虚无将被思考。对虚无的思考就是对存在与虚无同一性的肯定。

　　纯粹的、无规定的、没有内容的存在，是空的；在其中，没有任何东西可看，没有任何东西可直观。因此，"它只是这种直观本身，纯粹而空洞"。[4] 于是，在纯粹的存在中，没有什么可思考的。纯粹的存在其实就是虚无，既不比虚无多，也不比虚无少。纯粹的存在就像虚无。因此，存在与虚无具有相同的结构，它们是同一的。

　　但是，无规定的东西怎么可能与自身同一呢？实际上，"纯粹

──────────

〔3〕 *Leçons sur l'histoire de la philosophie*, trad. P. Garniron, Paris, Vrin, 1971, t.l, p. 154 (p. 344 de l'ed. H. Glockner).

〔4〕 Hegel, *Science de la logique*, p. 58（德文版第22页），中译本第61页。

存在即纯粹虚无"这个命题有一个特殊的同一性层面：它是一种思辨的同一性，它包含在生成之中。存在与虚无在生成中是同一的。对立面的融合不是一种事实状态，而是作为生成而发生的。对立面的同时性就是生成。这一生成不是一件随便的事情，不如说，所有的思想都在这个生成之中，人们无法在此之外进行思考。

"纯粹的存在和纯粹的无是同一个东西。这里的真理既不是存在，也不是无，而是从存在到无的过渡和从无到存在的过渡——不是正在过渡，而是已经过渡。" Nicht übergeht—sondern übergegangen ist，已经：人们想到虚无中的存在，而存在已经是生成。"但二者的未区分状态同样不是真理，毋宁说，二者不是同一个东西，而是绝对区分开的，但同时又是未分割和不可分割的，而且每一方都直接消失在它的对立面里面。也就是说，它们的真理是这样一个运动，即一方直接消失在另一方里面，而这就是**生成**（Werden，le devenir）；在这个运动里，二者是区分开的，然而它们所依据的区别同样已经直接地瓦解自身。"[5]

因此，生成是存在与虚无的差异与同一。

生成与腐坏都回归到一种包罗万象的东西。在绝对中，没有任何东西是全新的；没有任何东西的存在不是归于毁灭。绝对不是自身之外的空虚，而是自身之内的空虚。虚无贯穿于存在之中。

也许有人会问，这是否就是死亡的尺度？在死亡中，在人类已知的死亡中，是否有与死亡格格不入的东西能在这一绝对中找到其适当的位置？芬克也提出了这个问题。[6]

---

〔5〕　Hegel, *Science de la logique*, pp. 59-60（德文版第23页），中译本第62页。先刚译本将Werden译为转变，本文从上下文的语境考虑，将Werden和法语的devenir译为生成。

〔6〕　Fink, *Metaphysik und Tod*, p. 159.

阅读《逻辑学》(续)

1976年3月5日星期五

脱离存在过程的死亡的虚无，不是存在过程的瞬间之死亡的 *90*
虚无，死亡之无可否认的毁灭——无论它与什么未知事物联系在一
起——与亚里士多德和黑格尔在《逻辑学》中向我们讲述的虚无没
有共同的尺度。

"纯粹的存在和纯粹的无是同一个东西"，我们上次已经读到
过。就它们的同一性而言，真理不在于它们的无差别状态（它们既
是不同的又是同一的），而在于它们不同这一事实，在于它们是绝
对差异的，但又是绝对不可分离和不可分割的，而且每一个都立即
消失在它的对立面之中。因此，它们的真理就是一个立即消失在另
一个之中的运动：它们的真理就是生成。人们无法设想没有生成的
存在与虚无。"它们的真理是这样一个运动，即一方直接消失在另
一方里面，而这就是**生成**；在这个运动里，二者是区分开的，然而
它们所依据的区别同样已经直接地瓦解自身。"生成因此就是这一
差异的统一，它是最大可能的差异，但也已经是最完整的同一性。
认为存在来自虚无，并且其中有一个绝对的生成，或者认为存在作
为一个独立的、可分离的虚无而走向虚无，都是不够周密的思考。
没有可分离的虚无。

黑格尔在注释1（《存在与虚无在表象中的对立》）中写道："虚 *91*
无通常和某东西相对立；但某东西已经是一个已规定的存在者，有

73

别于另一个某东西；因此，那个与某东西相对立的虚无，也是某东西的虚无，一个已规定的虚无。然而这里所说的虚无应当被看作一个未规定的、单纯的虚无。"[1]然而，如果有人认为，相比于将存在与作为某东西的虚无之虚无对立，更合适的做法是将存在与非存在对立，那么结果也是一样，因为"非存在已经包含着与存在的关联"。它既是存在，也是对存在的否定。"这里没有纯粹的虚无，而是已经处在生成之中。"[2]

接下来，黑格尔将为我们指明通往这种关于存在与虚无同一性的辩证思想的道路。当巴门尼德开创哲学时，他是从存在与非存在的绝对区分开始的。在黑格尔看来，这仍然是一种抽象的思想：巴门尼德看到了开端就是存在，但他没有看到非存在在某种方式中存在着。而佛教则将虚无置于起点。"深奥的赫拉克利特提出生成这一更高层次上的总体性概念，宣称'存在和虚无都同样不存在'或'万物生成'，也就是说，'万物都是生成'。"[3]

对黑格尔来说，这种存在与虚无的统一是一种来自《圣经》的思想，即意味着一种基督教思想。"后来的形而上学（尤其是基督教形而上学）之所以谴责'无中生有'这一命题，是因为它们主张一种从虚无到存在的过渡；无论它们是以综合的方式还是以单纯表象的方式看待这一命题，总之，即使是一种最不完满的联合，也包含着一个点，在那里，存在与虚无融合了，它们的区分消失了。"[4]因此，无中生有的创造符合思辨命题，唯一的保留是它仍是表象的，仍是抽象的。

92

————————

〔1〕 Hegel, *Science de la logique*, p. 60（德文版第23页），中译本第62页。

〔2〕 同上。

〔3〕 *Ibid.*, p. 60（德文版第24页），中译本第63页。

〔4〕 *Ibid.*, p. 61（德文版第25页），中译本第63页。

现在，这种存在与虚无的同一性是一个思辨命题，是理性的思想，而不是分离事物的知性。这种同一性无法用定义来证明：任何定义都已经预设了思辨，是一种分析，一种分离，并预设了对不可分离者的思考。

我们不可能命名存在与虚无之间的差异；不可能找到差异，因为如果有差异，存在就不是纯粹的存在了：就会有一种规范。因此，差异并不涉及它们本身是什么。差异在这里是作为包含在其中的东西出现的：差异存在于生成之中，而生成只是因为这种差异才成为可能。

但是，死亡是否等同于这种与存在相联系的虚无呢？生成是现象世界，是存在的显现。而死亡则在这一过程之外：它是完全的虚无，是存在的显现所需要的虚无。这种虚无不是通过纯粹的抽象实现的，而更像是一种夺取。在死亡中，存在并没有被抽象，而是我们被抽掉了。

死亡，在他人的死亡中宣示着自己，担忧着、恐惧着、痛苦着，是一种在存在与虚无的逻辑中没有位置的毁灭；是一种丑恶的毁灭，没有责任等道德概念的加入。

《精神现象学》中就没有另一种死亡概念吗？这将是我们下次要讨论的问题。

从《逻辑学》到《精神现象学》

1976年3月12日星期五

93　　　这是一个关于是否有可能通过思想、存在、世界、肯定性，来回应无法确定的终结的问题，这是存在的终结，以及铭刻在他人的死亡中，在我自己的时代即将到来的毁灭；这种毁灭刻在虚无和未知的模棱两可的死亡中。这种质疑并不是简单的对信仰、意见（doxa）的理论陈述方式，在其中我们接近存在、世界和肯定性。

　　　在对存在的思想中，虚无被思考到了，但它不是纯粹的虚无、毁灭和死亡的陌生，而是存在思想的瞬间。在《精神现象学》中，某些文本在论述死亡时，不是更好地说明了生成的终结和作为这一终结的所有丑恶，而不是说明生成的构成或生成的思想吗？这些丑恶以情感的方式表达出来（海德格尔的畏），而在这里将以道德的方式表达出来（对他人死亡的责任，任何新的死亡的丑恶）。这是因为我们不应该寻找一种肯定的思考死亡的方式，而应该寻找一种与死亡相称或不相称的责任。这不是一种回应，而是一种责任；这不是与世界相称的尺度，而是归属于无限的不相称。

94　　　今天我们要介绍的是《精神现象学》中的一个著名段落，在这一段落中，死亡不仅仅是一个在存在之思中扮演角色的瞬间。这段话见让·伊波利特（Jean Hyppolite）译本第二卷第14页及以下。首先必须确定这一段。

　　　在黑格尔看来，正是在个体（singulière）意识的核心中发现了

76

与其他个体意识的必然关系。只有当我在思考的同时与其他思想也发生关系时，我思才是可能的。每个个体意识在为自己的同时也为他人。只有为他人，才能为自己。每个意识都需要他者的承认才能成为自己，但它也必须承认他者，因为只有他者承认了自身，他者的承认才是有效的。这里存在着超越直接性（immédiat）的关键所在（对黑格尔来说，所有的思想都是意识之间的思想；当它忽略意识之间的这种关系时，它就是直接的；直接就是单独的我思［cogito］）。

黑格尔所谓的精神，是指在这些关系和冲突中，意识之间的相互承认得以保持和扬弃（aufgehoben）。这是普遍的、非直接的意识。但是，这种普遍意识首先是直接的；因此，精神就像一种先于自身对立的自然。黑格尔把精神的这一直接性称为实体；精神是实体，它面前有一条必须成为主体的道路。

是实体，一直在创造自己的历史，发展自己，"它的精神内容一直由它自己产生"。它将成为主体，成为精神对自身的认识，也就是说，成为绝对的思想，成为认识自身的活生生的真理。从单纯存在的精神出发，它将成为这个精神对自身的认识。

对黑格尔来说，正是在这种直接精神的层面上，在这种将精神作为实体的层面上（人们尚未质疑自身、尚未与其他人相遇），才 *95* 会提出与死亡的关系问题。直接精神是一种历史的给予。自我直接坚持自己的行动。没有一个地方自我会否定自己、反对自己的存在。具体来说，这意味着有一种伦理的本性（ $\mathring{\eta}\theta o\varsigma$ =习惯）。

在黑格尔看来，在这种实体中，在这种直接状态中，存在着一种法则的普遍性与实体的个体性之间的分裂，而这种分裂本身必须被理解为个体意识之间的关系。黑格尔将其称为伦理状态在人的法则和神的法则上的分裂。

人的法则对应于城邦的法、国家的法，因此，根据人的法则，这种伦理的实体就在于活生生的社会和政治生活。那么，这种生存的另一面是什么呢？那就是家庭，它可以追溯到万物模糊的起源。因此，男性的一面代表着人的法则，女性的一面代表着神的法则，这也是家庭的法则。

城邦的法是公共的；每个人都知晓法律，它表达了所有人的意志。在这种人的法则中，人体现出他自身，他是自身之为自身的体现，是自身存在的方式。他在公共的法中思考自己，对立于蒙昧，并从中摆脱出来。他在法之中，在清天朗日之下反思自身。

但还有家庭法。这两种法则既不同又相互完善。神的法则是直接的实体；它不是思想的运作。它是这些人的存在，它并不反思，它放弃了脱离它的人的法则。

国家是一个民族的统治秩序，它通过人民在和平时期的劳动和战时的战斗来维持。个体可以意识到自己在国家中自为的存在，因为国家对自身的意识是一种力量，所有人都从中受益，所有人都被这一法则所承认。尽管如此，以这种方式得到承认的国家中的单位，即家庭，在这种安全感中，可以将自己从整体（Tout）中分离出来，也就是说，变得抽象。是战争把与整体相脱离的个体召唤回来；如果没有战争，个人就会回到纯粹和简单的自然状态，回到直接性中，回到绝对抽象之中。另一方面，战争使他们重新认识到自己的依赖性；在民族阶段，战争是必要的。"为了不让这些系统继续孤立下去，以至于整体分崩离析、精神涣散，政府必须时不时地通过战争在这些系统的内部制造动荡，并以这种方式来破坏和扰乱它们的已经合法化的秩序和独立权。至于那些严重脱离整体、努力追求自己的神圣不可侵犯的自为存在和个人保障的个体，政府必须把战争的任务交付给他们，让他们在战争中去领教他们的主人，亦即死亡。"[1]

在这里，死亡显得是绝对的主宰。

精神作为一个共同体的个性而存在，而不是以抽象的形式存在。这里的否定有两种形式。一方面，共同体作为特殊的民族是一个确定的民族（任何确定都是一种否定）；另一方面，还有第二个否定，那就是个体。而战争就是这种否定，它克服了自然或家庭陷入自然的可能性。战争制止了家庭回归到远离伦理定在的自然定在中去。

国家是立法，是许多人为了共同目标而采取的行动。与国家相对的是神的法则，是以血缘和两性差异关系为纽带的家庭。它与国家的不同之处在于，它从共同的东西出发，而国家则通过普遍的法则走向共同的东西。黑格尔从这种自然的统一性、血缘的统一性出发，将家庭与大地之神联系在一起（家庭中土壤和血缘的神秘主义）。国家来自意识到自我并上升到普遍性的理性。另一方面，家庭是自然之物；它是生命的基底，人的法则脱离了它。但它也是精神的直接本性，因此不是纯粹的自然；它有一个伦理原则。它在与私宅守护神——家神——的关系中变得道德化。 *97*

那么，家庭的伦理精神又将指向什么呢？家庭的道德不同于国家的道德。它处于国家之中，具有国家的许多美德；它养育子女，为国家培养公民，从这个意义上说，它是为了家庭的消失。但是，家庭伦理也有本己的一面，从其世俗道德来看，它与阴曹地府有关，包括埋葬死者。

这就出现了与死亡的关系，或者更准确地说，与死者的关系。

---

[1] Hegel, *Phénoménologie de l'Esprit*, trad. Jean Hyppolite, Paris, Aubier-Montaigne, s.d., II, p. 23. 中译参见先刚译本，黑格尔：《精神现象学》，先刚译，北京：人民出版社，2013年，第278页。下同。

黑格尔首先对家庭自身的伦理原则进行了否定性的定义。"首先，因为伦理是一个自在的普遍者，所以家庭成员之间的伦理关联并不是一个情感上的关联或一个爱的关系。"[2]不是爱，不是教育，不是某一个家庭成员对其他人附带的服务，不是这些东西能提供家庭本己的伦理原则。必须有一种具有独特性的关系，而要使这种关系具有伦理性，它的内容就必须具有普遍性。"伦理行为的内容必须是一种实体性的或完全普遍的内容，因此，伦理行为只能涉及完整的个人或普遍的个人。"[3]

黑格尔随后给出了解决方案："行为可以把一个有血缘关系的人的整个实存都包揽进来，把他当作对象和内容，但是，这里所说的人并不是指公民（因为公民并不隶属于家庭），也不是指那个应当转变为公民、应当不再作为这一个个人而存在的人，而是指这一个隶属于家庭的个人，亦即一个普遍的、被剥离了感性现实性或个别现实性的本质。就此而言，行为所针对的不再是活人，而是死者，因为死者已经摆脱了他的漫长而支离破碎的实存，归结为完满的唯一形态，摆脱了喧嚣不安的、偶然的生活，上升到一种宁静而单纯的普遍性之内。"[4]

一个有着普遍本质而又不是公民的人，就是死者。家庭与黑暗王国的关系中蕴含着一种美德。对死者的责任就是埋葬他们，正是这种责任构成了家庭的美德。埋葬的行为是一种与死者的关系，而不是与尸体的关系。

〔2〕 Hegel, *Phénoménologie de l' Esprit*, p. 18. 中译本第275页。
〔3〕 *Ibid.*, p. 19. 中译本同上。
〔4〕 *Loc.cit.* 中译本第276页。

阅读《精神现象学》(续)

1976年3月19日星期五

对黑格尔来说，在存在与虚无的一切参照之外与死亡和死者
的关系，是精神现象学的一个必要时刻，也就是说，是运动，或者
生成，或者说是意识实现其完全的自我占有的历史的必要时刻，在
这一历史中，自由是一种绝对的思想。这一历史不是经验意义上的
思想形成的历史，而是作为历史通过其进化的必要衔接而到达的历
史，在那里它成为绝对的思想或具体的思想（与任何事物都不分
离）。在这些阶段之一，也就是我们可以谈论精神的直接性的阶段，
这种意识作为一种伦理性、一种具有法则的内容或气质而产生。在
这个阶段，它不是这一精神的经验，而是精神的直接性，在这里，
精神就是实体或自然。在这种作为自然的直接性的实体中，法则的
普遍性与实体的独特性、城邦与家庭之间存在着分裂。

在这一阶段，如果人的法则是公共的，那么神的法则或家庭的
法律作为法又包含什么呢？如果家庭是伦理实体，如果它不是纯粹
的自然，那么它的伦理又是由什么构成的呢？（请注意，对黑格尔
来说，伦理总是普遍的。个人总是被按照法的普遍性来设想。在这
一点上，黑格尔是个康德主义者。作为个体的人不是精神，没有伦
理。在此，在我们目前的研究中，个人是一个他者的个体，所有的
普遍性都将从这里开始。但在德国唯心主义中，人就是普遍性。）

家庭是自然的共同体，但家庭本身就具有普遍性。家庭的特殊

伦理因素在哪儿呢？如果我们要谈论家庭伦理，就必须发明一个例外的概念。

　　需要一个具有普遍性的独特性。从中可以得出上次我们看到的黑格尔的回答："行为所针对的不再是活人，而是死者。"在这里，死亡被理解为回归，被理解为重聚。完成了自己命运的人具有普遍性：这是一种本质。当人死亡之时，一切都完成了，一切都耗尽了。

　　与死者的关系和死亡的普遍性在葬礼中体现出其决定性的特征。死亡中有一些东西与伦理所需要的概念相对应。家庭所不能接受的是，随着死亡的到来，曾经的意识变成了质料，而质料成为存在的主宰，这一存在曾经是被赋形的、拥有自我意识的存在。人们不希望这个有意识的存在被质料所左右，因为人的最后存在，人的最终事实，并不属于自然。家庭要对曾经活跃的人完成虔敬的行为：自然支配有意识的人的现象必须消失。"血缘关系对于那个抽象的、自然的运动来说意味着一个补充，因为它额外做出了意识的运动，中断了自然界的作品，使一个有血缘关系的人免遭毁灭；或者换个更好的说法，正因为毁灭（在这里指一个有血缘关系的人转变为纯粹的存在）是必然的，所以血缘关系亲自承担了实施毁灭的行为。这样一来，死的、普遍的存在成为一个返回到自身的东西，而自为存在或一个虚弱无力的、纯粹个别的个别性则被提升为一个普遍的个体性。既然死者已经让他的存在摆脱了他的行动或他的否定的单一体，那么死者就是一个空洞的个别性，仅仅是一个被动的为他存在，不得不听任一切低级的、缺乏理性的个体性，听任各种抽象质料的腐蚀力去处置——前者由于具有生命，后者由于具有否定的本性，如今都比死者更强大。家庭制止了那些无意识的欲望和抽象质料对于死者的侮辱活动，它把它的所有物亦即死去的亲人摆放整齐，托付给大地的怀抱，托付给这个基本的、永恒不变的个体性。家庭通过这种方式使死者成为共同体的一员，而共同体则牢牢地控制着个别质料的腐蚀力和各种低级生物，防止它们毫无忌惮地毁灭死者。"[1]

在此有血缘亲属对死亡的毁灭和一种回归，仿佛是一种实现，仿佛在大地之下有一个我们从之而来又向其回归的深渊（在这个意义上，请参阅《圣经》中关于死亡的用语，"与祖先一起长眠"）。在死亡中，有一种回归母性元素，回归到现象学领域以下的层次的观念。

生者以葬礼的荣耀来消除无名分解的耻辱。通过这种方式，他们将死者转化为活生生的记忆。在葬礼中，生者与死者之间存在着一种特殊的关系。埋葬仪式是通过死者的关系来表达的一种深思熟虑的生者与死者之间的关系。在这里，死亡是一种思考，而不是简单的描述。它是思想本身的概念进展中的一个必要时刻，在这个意义上，它就是思想。

我们不禁要问，在这些描述中是否存在着补充的因素，它已经源于这一事实，即死亡的区域被确定为大地，正如在描述中存在着一些毫无根据的东西；死亡与血之间的关系。在这里，黑格尔更仔细地审视了死亡之谜，在《逻辑学》中，死亡被还原为虚无，而虚无已被视为存在，但他是从幸存者行为的角度来谈论死亡的——尽管我们不能采取比黑格尔更少物化（réifiante）的方式，因为在这里，死亡既不是物，也不是人，而是一种阴影。

现在，我们可以转向宗教一章，在《精神现象学》的发展过程中，宗教是精神进程的倒数第二位，分为自然宗教、艺术宗教和启

102

[1] *Phénoménologie de l'Esprit*, p. 21. 中译本第277页。

示宗教。

在宗教中，死亡具有核心意义。在艺术宗教中，悲剧不仅仅是一种文学体裁，而是意识思考或理解自身的一种方式。在这里，黑格尔将死亡视为一种潜藏的命运，它将存在者凸显出来，提供一种虚假的知识，一种只是表象的纯粹表象。这是悲剧的命运的回归，死亡在其中扮演着隐藏的角色。

在黑格尔看来，死亡指明了晦涩和隐蔽的根据，它将表象世界引入了思想（洞穴在这里就是思想的瞬间）。埋葬也是一种象征性的行为，通过这种行为，血亲自由地保护死者，把前一天还在他体内的东西放回他体内，使他成为他自己，即自我性。在这种思想中，死亡不仅仅是虚无，而是回归根据。这样解释死亡是否合理？毫无疑问，人们可以这样感受死亡，正如上文引用的《圣经》表述所证明的那样。同样，芬克引用了一个被判处死刑的日本人的话："我走向绞刑架时没有痛苦和颤抖，因为我看到了母亲的笑脸。"[2]

但是，在这一根据、最终根据、存在与死亡的根据的概念的结合中，黑格尔似乎还保留着某种特别的现象模式。这种回归的第二个方面也是如此；被血缘相同的人所保护。在这里，当回归元素被解释为回归存在的根据时，又向前迈出了补充的一步。

103

---

[2] Fink, *Metaphysic und Tod*, p. 179.

死亡的轰动，从黑格尔到芬克

1976年4月9日星期五

在黑格尔和亚里士多德那里，死亡是一种虚无；这种虚无已经 *104*
是一个开端，就像所有的终结（定义、决定）一样，就好像存在循
环往复地引领着存在的进程。腐朽与生成相关，就像生成与腐朽相
关一样。在存在者的存在之中，死亡无法被理解。

在黑格尔看来，虚无一方面已经是存在（这一命题具有思辨
的意义，但也只有作为思辨才有意义）；另一方面，在直接精神中，
死亡是逝者向其血液或大地的元素的回归。逝者回到了元素的简单
存在中，但他也被幸存者有意识的行为从元素中撕裂，幸存者为了
纪念有意识的人而进行了这一行为，完成了将逝者从自然存在中撕
裂的埋葬行为。葬礼将逝者转化为活生生的记忆；生者因此与逝者
发生关系，并被记忆所确定。

出于同样的精神，在宗教一章中，黑格尔将死亡的统治与命
运的统治相提并论。从悲剧中可以看到它与死亡的关系，悲剧不
仅仅是一种文学体裁，而且是这种意义得以呈现的场所。现实的
东西注定要被它对现实的认识毁灭：认识是模糊的，并将引导英
雄走向毁灭。

将死亡解释为回归深渊是否合理？这种深度与死亡相符吗？ *105*
这种深度，这种事物的根源（Urgrund），是如何被思考的？黑格尔
是不是从象征中抽出了一种不脱离世界模式的意义？一切似乎都以

生者与死者之间的关系为模型。这里有大地，亲属们在这里举行葬礼；大地是现实中某种特殊的东西（黑格尔称之为元素的个体化）。但同时，大地也不是一种特殊的事物，而是一种元素，其中存在着事物之外的东西。事物是由固体、液体等构成的；它们隐藏着自己的元素性，而不像这种秩序，不能被称为事物。大地既不是建筑工地，也不是田野或高山；它指的是一种基本的或稳定的基础，大地正是由这种基础界定的。由此产生出一种把事物的根源当作存在的根源的诱惑。埋葬被解释为回归根源，而大地的根源就是存在的根源。另一方面，家庭本身也被视为优先于分离的结合。家庭与家庭成员的关系，就像大地与由之构成之物的关系一样：亲属彼此互为他人，但同时他们又不是他人，因为他们流着相同的血。因此，有一种从大地的现象秩序到非现象秩序的过渡，以及从事物的基础到存在的基础的过渡。

因此，死亡在世界中被设想为自身把握自身的时刻。黑格尔在阐释幸存者的行为时总是以死亡为目标。作为世界出现的瞬间，死亡是可以理解的。

在芬克那里，[1] 表达死亡的困难就在于它的可理解性。我们不得不沉默地接受死亡，尽管哲学可以告诉我们沉默的原因。我们知道死亡，却无法思考死亡；我们知道它，却无能力去思考它。正是在这个意义上，死亡才是真正的断裂，也正是在这个意义上，我们必须在沉默中接受死亡。

对于芬克和海德格尔来说，可理解性与可说、寓言、可被讲述的东西是一致的。语言是通过对存在，也即人的生存的理解而形成

〔1〕 参见Fink, *Metaphysik und Tod*, pp. 179-208。

的。语言属于存在，并作为在世存在而可理解。哲学是对在世界中存在的自我理解，是对世界的一种行动，也是一种理解方式。

芬克将存在于世界中的不同方式分类如下：

－ 劳动、经济

－ 战争、斗争、权力意志、对作为实体的自我肯定

－ 爱欲，表现为一种与世界的关系，其中的他人是从世界的角度来理解的

－ 游戏

这些活动是对存在的理解，而理解是一种存在方式。理解存在于语言之中，语言可以根据它的方式（劳动、战争、爱、游戏）来叙述理解，这些方式是在存在中和对存在的行为。

如果不将死亡的虚无转化为在世之中的结构，它还能被说出来吗？难道死亡不会打破我们对存在的理解吗？难道死亡只不过是在世之中毁灭的一个特例吗？芬克说，每一次死亡都是一次轰动（scandale），都是第一次死亡；死亡没有种属，也没有对普遍的死亡概念的接近。

对存在的理解将自身置于存在的结构之下，后者就好像是一个存在者。此在是一个存在者，一个实体。作为对存在的理解，人属于这种理解的范畴。人发现自己是一个存在者，一种有理性的动物。

因此，人们倾向于将死亡视为一个关于存在者的事实（亚里士多德、黑格尔），而勉强可以想象的死亡的特殊性则涉及对存在的理解本身。死亡是可思之物的终结，因此它是不可思的。我们甚至不能说死亡是虚无，因为虚无和存在都涉及理解。

哲学，对存在的理解，都是对物化的抗议，强调的是人不是什么，是什么使人具有尊严。但实际上，在对存在的各种理解模

式中，已经存在着存在者在存在中的居留。在世界中，我们进入世界，在世界中，我们走出世界。在世界中，我们总是已经被世界性（mondain）湮没。这里没有拯救。

通过一种否定的人类学退回到主体性的倾向，来探寻一种超验的人的概念，一种先于存在的思想的探寻，这并不是简单的错误或徘徊，而是与这种先于思想的存在的发现一样不可避免。

如果死亡问题不涉及作为毁灭对象的人，而是涉及对存在的理解，那么它就是不可理解的。这一目的在可理解性中找不到任何模式。

关于死亡的另一种思想：从布洛赫出发

1976年4月23日星期五

死亡是对人的否定。在亚里士多德、黑格尔和海德格尔那里，108人类是从世界的角度来思考的，存在和存在论的概念都指向这一术语。最终，我们在存在论的基础上发展出了虚无与死亡之间的不相符。在这种存在论中，世界似乎是意义的根本所在，而虚无被认为与存在相关。

在芬克看来，死亡是对存在理解的终结，是虚无与存在交替的终结，不能轻易地将其与赋予存在的否定之否定混为一谈。我们不禁要问，我们是否处于这样一个意义的维度中，在此，超越的存在与虚无被思考；我们甚至会问，思想的另一个维度是否在这里具有意义，这个维度并非芬克所说的沉默。

在海德格尔对死亡的分析中，我们惊讶地发现，死亡被还原为向死存在，还原为此在的结构，也就是说，还原为在其起源当中的主体性，还原为与存在的真正关系，在这一关系中他人可以被理解。因此，稍微夸张一点，我们可以说，对海德格尔而言（他当然不会这么说），对成为杀人凶手的恐惧无法超越对死亡的恐惧。向死存在就是向着我的死亡存在。死亡和虚无是完全相符的，情感被109还原为畏的情绪，从畏之中，就可以理解源始时间。这种源始时间是有限存在的存在方式。时间性是由与虚无的关系定义的。因此，最深的欲望是去存在的欲望，而死亡总是太早了。死亡与我的去存在的欲望并不相称；我的存在无法遮蔽我的去存在的欲望：遮蔽太短了。在纯粹欲求的形式主义中，存在是最高的奖赏。只有一种价值，那就是存在的价值——纯粹形式的价值，海德格尔拒绝价值的根源就在于此。

在此，我们建议离开这种将死亡作为存在论的时刻、作为虚无以及将时间性依附于虚无的畏的研究，转而采用一种思维方式，在其中，意义当然仍会依附于世界，但世界的意义与他人有着深刻的联系。在这种哲学中，对社会的关注驱动所有知识和文化，存在论的术语则与他人相联系。正如在宗教或社会思想中所发生的。

死亡，虽然仍然是个人的终结和毁灭，尽管仍被解释为一种不可避免的自然必然性，但它并不是一切意义和无意义的源泉。它的情感本身并不能概括为存在者对其不存在的可能性的畏，时间也不会回溯到向死存在。时间在其将-来（à-venir）中，并不回溯到向死存在的有限性，而是具有另一种意义，在对死亡的分析中存在着另一种可能性。这就是我们想在这里通过恩斯特·布洛赫（Ernst Bloch）的哲学来讨论的问题。

在整个哲学史中，时间是与永恒相对的非存在、非价值的标志。在海德格尔看来，不存在永恒，但有限存在的悲剧性依然存在，时间除了向死存在之外别无其他意义。在时间中，有一种本质性的失望。在社会哲学中，至少有一种时间性从虚无之外获取意义，哪怕只是通过进步的理念。布洛赫也是如此，在对死亡和时间的分析中出现了这些可能性。

在布洛赫那里，其成熟时期和青年时期的文本都证明了人道主义的存在。"人道主义是真实的，而不是形式的，它重新站立了起来，"他写道，"人类在真正可能的民主中找到了自己的位置，就像民主代表了人类第一个适宜居住的地方。"在这里，人性占据了绝对的统治地位，"正确实践的马克思主义，摆脱其危险的邻居，就是行动中的人性"。它是人类向其家园（Heimat）不可避免的前进，在那里，存在与人在其家园中相遇。这种前进是不可避免的，因为它是存在的前进，或者说，它铭刻在存在的本质中，而存在的本质在这里被认为是人类的合目的存在。[1]

人类苦难的意义是这场革命运动的动力。是什么让那些不需要社会主义的人走向了社会主义？也许是灵魂，也许是那些饱食终日的人在沉默中跳动着的良知。因此，对布洛赫来说，我们邻人的苦难和挫折的景象，以及由此引发的严谨的伦理讨论，都可以归结到存在论的讨论。人的实现就是存在在真理中的实现。

也许从未有一套思想体系呈现出这样的面貌：在世界尚未完成时，一直对立的伦理学与存在论可以在这一现象中叠加在一起，虽然人们尚不清楚哪一种书写承载着另一种。这种存在与世界以及人类之间的团结，其最终构成与人类团结密不可分，这是如何构想出来的呢？

布洛赫与米歇尔·亨利一样，[2]将马克思主义理解为《精神现象学》之后的一种哲学，在《精神现象学》中，劳动获得了作为一个范畴的尊严。同样，对布洛赫来说，没有任何行动的优先性可以取代对真理的探求。在没有任何意志主义干预的情况下，存在的真理是以劳动为条件的，而行动则是存在的显现的一部分。只有当我们对存在的可理解性提出了新的概念，才有可能做到这一点——而正是这一概念，在政治学或经济学之前，构成了马克思主义对哲学的具体贡献。

---

〔1〕 E. Bloch, *Das Prinzip Hoffnung*, in *Gesamtausgabe*, vol. V, Francfort-sur-le-Main, Suhrkamp, 1959, p. 1608.

〔2〕 参见 M. Henry, *Marx*, Paris, Gallimard, 1976, 2 vol。

存在的可理解性将与其未完成的完成相吻合。它是一种必须付诸行动的能力，而这种行动就是人性。但是，决定可能的并不是精神的运作。行动就是劳动。如果没有人类身体劳动的介入，就没有任何事物可以接近，也没有任何事物可以显示自己。

世界没有完成，因为劳动没有完成。只要世界还未完成，只要还存在非人类的质料，人就处于黑暗之中，而这正是人的实际性（facticité）。由此，劳动总是异化的：在世界完成之前，在存在成为家、成为家园之前，人总是与世界相对立的。

然而，人的劳动是真理的超越论条件。生产既是制造，也是呈现真实的存在。这种生产就是实践（praxis）。没有任何纯理论的东西不是劳动。感觉的表象已经以劳动为前提。因此，人是作为劳动者而有主体性。由此，人就不是存在的一个区域，而是作为存在实现的一个瞬间。存在的真理因此就是能力或历史的现实化。

所以，时间既不是海德格尔所说的存在向终结的筹划，也不是柏拉图所说的不动的永恒的活动的图像。它是完成的时间，是所有能力现实化的完全确定，是所有模糊事实的现实化，在其中矗立着人的主体性，这一主体性在技术行动中异化了。它是未完成的现实化。存在主人与奴隶的事实就是这种未完成性。

因此，社会罪恶是存在的错误，进步是存在本身的进步，是存在的完成。尚未存在的东西不存在，是所有地方都不存在。未来是尚未到来的，它不是虚拟现实，不是预先存在的。因此，时间是严肃的。对未来的追求是一种与乌托邦的关系，而不是向预定的历史终结迈进，这种预定是在模糊的当下中被确定的。

时间是纯粹的希望。它甚至是希望的发源地。希望有一个完满的世界，在那里，人和他的劳动都不是商品。没有希望和乌托邦，完成存在的活动——也就是人类——就不可能开始，也不可能在科学和努力的漫长忍耐中继续下去。

在布洛赫看来，这种希望铭刻在文化之中，或者更确切地说，蕴含在文化的一个整体侧面之中，它摆脱了未完成的、异化的世界的诅咒。这种哲学是对辩证唯物主义的阐释，它对人类一切形式的作品都给予了极大的关注，并发展出了一种精致的、充满同情的普遍文化阐释学。尽管还存在着阶级斗争，或将其视为斗争勇气的源泉，但在文化中，完成的世界已然隐约可见。

阅读布洛赫（续）

1976年4月30日星期五

113   流传至我们的哲学是建立在一系列同一的基础上的：

- 人类死亡/哲学家的虚无（死亡是生成的时刻）的同一；

- 哲学/存在论（存在是所有有意义的思想所指向的特权位置）的同一；

- 存在/世界的同一；

- 人/此在（也即在世界的基础上理解的人，死亡则被理解为不再在世存在）的同一；

- 一般的死亡与我的死亡的源始同一（对他人死亡的责任是衍生性的；但需要强调的是，对柏拉图而言，实施不公正比遭受不公正更为严重）；

- 情感（与死亡的关系建立在此之上）与畏（我的存在欲望受到伤害而在其纯粹性中产生）之间的同一；

- 源始时间与向死存在、时间与有限性之间的同一；

- 人的有限性和完善之间的同一。

在宗教和社会思想中，许多的同一性都遭到了动摇，即使哲学和存在论的同一性以及世界在所有可理解性中的首要地位得到了维114   护。（我们必须看到，所有的理解都是展现，语言是陈述，也是一种显示；语言嵌入了它所表达的东西之中。）

在布洛赫所阐释的马克思主义中，存在和世界只有服从于人的解放、解脱或救赎时才有意义。这种存在论有一个伦理结构！伦理－存在论的模糊性以这样一种方式呈现出来，即对人的关注不再是简单的人的科学，而是统领着一切可理解性和意义。

死亡的具体内容不能简化为对存在的纯粹否定。如果某些东西可以被拯救，死亡也就失去了它的刺痛（我们不能掩盖这种"传道者"语言的危险，它可能是虚伪的）。观察时间的方式，与从被理解为存在的终结的死亡中提取意义的方式不同。在布洛赫那里，劳动的时间和未来的时间都被认真对待，未来的时间被理解为尚未发生的时间，尚未以任何方式发生的时间，甚至计划的形式都还没有。历史中的世界是未完成的，尚未存在。终点是乌托邦。实践之所以成为可能，不是因为历史的终结，而是因为对终结的乌托邦式希望。历史中的当下和人的自我包含着乌托邦所照亮的模糊地带。

希望对历史来说是必要的。在布洛赫看来，它被铭刻在文化中，而文化是一种存在的时刻，它摆脱了未完成的诅咒。在希望中，存在着一种期待，我们置身于世界之中，仿佛世界已经完成。这种希望并不意味着必然会发生什么，而是乌托邦。这不是一个绝对的知的问题，用布洛赫没有用过的一个词来说，这是一种绝对的居住（une habitation absolue）。家园意味着此在。

这种乌托邦使得时间"短路"（court-circuite），但同时也是人和劳动的因素。时间的短路是革命意识的条件。乌托邦的希望是时间的时间化，是概念的忍耐。作为乌托邦希望的时间不再是人们从死亡中想到的时间。在此，最主要的绽出是乌托邦，而不再是死亡。然而，布洛赫的乌托邦主义与将未来视为时间意义的当代哲学之间存在着类比的关系。

对柏格森来说，绵延就是向着未来的自由。未来是开放的，因此我们可以质疑过去的确定性，因为过去随时都会被赋予新的意义（与《蒂迈欧》的时间决裂）。在《道德与宗教的两个来源》中，绵延与邻人的关系紧密相连。春光明媚的时间，成为社会性时间的生命原则，为邻人慷慨解囊的时间。

在海德格尔那里，还有另一种从对未来的绽出中构想出来的时间哲学。时间作为一种从未来出发的时间化，其源始性归功于人类命定存在的生存的有限性。向死存在是人类最本己的东西，而对虚无即将来临的畏则是人最本真的生存方式。

乌托邦的虚无并非死亡的虚无。在布洛赫看来，不是死亡开启了本真的未来；相反，正是在本真的未来中，死亡才必须被理解。

乌托邦的未来是实现尚未实现之物的希望。这是一个人类主体的希望，这种希望对人自身来说仍然是陌生的，仍然是此-在（Dass-sein）：纯粹的存在事实，这一纯粹的存在事实在于，人在历史世界中的实际性。这是一个历史主体的希望，在其实际性上与世界分离，对自己不可见，远离自己可以成为此在的地方。这个主体的主体性没有回到对自身的张力，没有回到对存在的操心——这一主体性是对未来世界的奉献。

在布洛赫看来，对死亡的畏来自没有完成自己的作品、自己的存在就要死去。正是在一个未完成的世界中，我们才会产生没有完成自己作品的印象。布洛赫不想忽视主体性在其独特性中的模糊核心，而这正是自然所反对的。他批评柏格森和活力论的哲学忽视了主体性的这种独特性。人的作品是历史性的，但它并不属于乌托邦。每一个生命都会有失败，这种失败的忧郁是在其未完成的存在中支撑的方式。忧郁并非源于畏。相反，对死亡的畏才是这种未完成的忧郁（不是自尊的创伤）的模式。对死亡的害怕是害怕留下一个未完成的作品，因此也是对没有活过的害怕。

但是，真正的栖居时刻是有可能存在的，希望有那么几个瞬间，"在人身上意识到乌托邦的光辉"。[1] 这种乌托邦之光穿透主体性的昏暗，布洛赫称之为惊奇（étonnement）。在他的《踪迹》中，这种"下雨"的惊奇与"有生命存在"[2]的惊奇并不能混淆。

〔1〕　E. Bloch, *Das Prinzip Hoffnung*, p. 1388.
〔2〕　E. Bloch, *Traces*, trad. H. Hildenbrand et P. Quillet, Paris, Gallimard, 1968, pp. 235-238.

阅读布洛赫（完），得出结论

1976年5月7日星期五

　　主体在存在的纯粹事实的黑暗中，为未来的世界和更美好的世界而工作。因此，他的作品是历史性的。在不久的将来，乌托邦只能取得部分成功；因此，它总是失败的，而这种失败的忧郁正是人类调整自己以适应其历史性的方式。这种忧郁并不像海德格尔那样源于畏。正相反，对死亡的畏倒是忧郁的一种方式。对死亡的害怕是害怕留下一个未完成的作品。

　　布洛赫通过唤起主体的黑暗被乌托邦未来的光线穿透的特殊时刻，表明对真正未来的关注不仅仅是焦虑，不仅仅是消遣。按布洛赫的说法，"在人身上意识到乌托邦的光辉"，他将这种"穿透"称为**惊奇**。文化本身必须被解释为希望（在布洛赫那里没有"文化革命"）。

　　惊奇并不是因为引起惊奇的东西有多奇特，而是因为某个特定的时刻。能引起惊奇的不仅是意义重大的关系，还包括一片树叶随 风飘动的姿态，一首优美的旋律，一张年轻女孩的脸，一个孩子的微笑，一句话。这就是惊奇，它既是问题，也是答案，是对家园的希望，是对此在的希望，在这里，"此"得到了充分的实现，而不仅仅是在此-存在（Dass-sein）。

　　为了唤起这一惊奇的时刻，布洛赫在引用托尔斯泰的作品（《安娜·卡列尼娜》和《战争与和平》）时，提到了克努特·汉姆生（Knut Hamsun）（"下雨"的惊奇）。在《战争与和平》中，安德烈公爵在奥斯特里茨战场上受伤，他凝视着高高的天空，既不是蓝色也不是灰色，只是很高。托尔斯泰坚持强调天空很高，他写道："看着拿破仑的眼睛，安德烈公爵想到了伟大的虚荣，想到了无人能理解其意义的生命的虚荣，还想到了死亡那更大的虚荣，没有一个生者能够深入并解释其意义。"[1] 在这里，死亡失去了意义；相对于安德烈公爵所感受到的这种与存在的一致而言，死亡是虚无的。

惊奇是一个问题，它不是问题的提出，在其中也有答案。它是问题，因为主题模糊；它是答案，因为充满希望。因此，布洛赫用"家园"一词来描述这种惊奇，即对完满世界的期待，在那里，独特性的模糊消失了。

他还用"闲暇"一词来描述这种惊奇，将这种纯粹性情的闲暇与未完成的世界或资本主义世界所提供的闲暇进行对比，后者要么是时间的空虚（"悲伤的星期天"），要么是剥削的继续（劳动能力的重组）。在闲暇之中，存在的陌生性消失在问题中，存在完全属于我。世界上发生的一切都是我的事。这就是"这是与你有关的事"（tua res agitur）一语最强烈的含义所在。这一"你"的强度强于任何占有，强于任何所有权。

这就是在一个完满和成功的世界中，不带忧郁地成为个人的方式——这就是消除死亡的刺痛的方式。在人不再与之对立的光明世界中，我就是我。这样，死亡就无法触及人类，因为人类已经离开了个体。幸福的存在将在那里统治一切。

人类居所的形成与存在之为存在的事件是同一个事件，是同一个自身据有（auto-appropriation）的事件（Ereignis），是与你有关的

─────────

〔1〕 参见 Tolstoï, *Guerre et Paix*, livre III, IIᵉ partie, chap. xxxvi。

事的所有格的出现。在存在走向终点的展现中，人与存在之间的对立终结了，实际性也终结了。正在形成的世界的转变，在这一世界中，人通过实践将形式引入物质——这一客观过程与实践有着如此密切、真实或本己的联系，以至于客观性在所有格中得到了升华，成为与你有关的事的所有格代词。也许所有格的本源就在这里，而不是在事物的所有中。

自我的同一性是从与你有关的事中识别出来的。因此，古老的伊壁鸠鲁原则被证明是正确的：当死亡在此时，你不在此，还没有你。在人类世界里，人不会被死亡击中。一切都在实现，一切都在完成，一切都在别处。因此，完成本身解决了死亡问题——但并没有消除它。

关于这一愿景，有三点值得注意：

- 人有可能在其他地方保持自己的同一性，而不是海德格尔让我们习惯的对存在的持守，也不是欲求（conatus），在这种欲求中，死亡破坏了一切依附的最高境界，即对存在的依附；相反，在这里，人并不主要关注自己的存在；

- 存在和世界从属于伦理秩序，从属于人类秩序，从属于完成（剥削的终结）——即使布洛赫是用存在和存在论的语言来谈论这种完成的；

- 布洛赫将时间从虚无的概念中剥离出来，并将其与乌托邦式的完成联系起来。时间在这里并不是纯粹的毁灭——恰恰相反。

所有这些都在邀请我们从时间的角度去思考死亡，而不是从死亡的角度去思考时间。就死亡的不可避免的特征来说，这并没有夺走什么，但它也不再把所有存在意义的源泉这一特权留给死亡。对海德格尔来说，至少在《存在与时间》中，所有对死亡的遗忘都

是非本真或非本己的，在闲散中拒绝死亡本身也是指向死亡的。相反，在这里，死亡的意义并非始于死亡。这就邀请我们将死亡思考为死亡之意义的一个时刻，这一意义溢出了死亡。需要注意的是，溢出死亡绝不意味着超越它或缩小它，而是这种溢出也有其意义。诸如"爱比死亡更强大"（事实上，《雅歌》正是这样写的："爱，像死亡一样强大"）这样的表达也有其意义。

我们还应该注意到扬凯列维奇在《死亡》一书中的这些表述："死亡比思想更强大；思想比死亡更强大。"[2]"爱、自由以及上帝比死亡更强大，反之亦然！"[3]扬凯列维奇还写道："死亡和意识，这两者都拥有最后的话语权，而这话语权（这是同一件事）每次都是倒数第二。意识战胜死亡，正如死亡战胜意识。思维是对彻底压制的意识，但它屈从于压制，思考压制，但仍然被压制。或者也可以这么说：思维屈从于压制，尽管它思考压制……会思考的芦苇知道自己会死；我们立即补充道，它还是会死。但在这里，我们又回到了出发点：它死了，并且它知道自己死了。"[4]扬凯列维奇还引用了尤内斯库（Ionesco）（《国王正在死去》）的话："如果你疯狂地爱，如果你强烈地爱，如果你绝对地爱，死亡就会退去。"[5]然后接着指出，"这就是为什么第俄提玛在《会饮》中说，爱是 ἀθανασίας ἔρως，一种对不朽的渴望"。[6]

这些对等的否定是否止于它们的对等性，或者说它们是否具有应随之明确的意义？难道死亡——尽管它是最强大的——对于它似

---

〔2〕　Jankélévitch, *La Mort*, p. 383.
〔3〕　*Ibid*., p. 389.
〔4〕　*Ibid*., pp. 383-384.
〔5〕　E. Ionesco, *Le roi se meurt*, Paris, Gallimard, 1963, p. 112; cité p. 390.
〔6〕　Jankélévitch, *op. cit*, p. 391；柏拉图的原话在 *Banquet*, 207a。

乎要停止的时间来说不是必要的吗？比死亡更强烈的爱：享有特权的表达。

　　布洛赫大胆地将死亡所宣示的情感阐释为对我的存在的畏之外的东西，我们通过保留布洛赫这种大胆的诠释，对时间从属于向死存在提出了同样的挑战。在海德格尔看来，死亡是在我的存在终结的意识中宣告自身的存在。畏正是与我的存在，即必须存在相关联而被理解的。而布洛赫则倾向于，在死亡的畏中发现一种与存在不同的威胁。就好像在存在中出现了比存在更高或更好的东西。对海德格尔来说，存在事件是终极事件。在这里，存在的事件从属于完成，在完成中，人找到了自己的家园。在一定意义上，存在包含着更多或更好的东西，或存在之外的东西；对布洛赫来说，这就是世界的完成，是它作为家园的质，这质在完成的世界中实现。就其主要意义而言，畏就是未完成作品的忧郁。这种情感可以克服死亡的不可避免性，死亡的标志并不仅仅是悬在我生命之上的威胁，而且作为虚无的标志，它并没有穷尽其意义，这才是布洛赫最看重的，也是在此必须牢记的。

　　因此，我们回到了"如死亡般强大"的爱。它不是一种可以击退刻在我存在中的死亡的力量。但令人生畏的不是我的非存在，而是比我的存在更受爱戴的爱人或他人。我们所谓的以及被人们说烂了的爱的东西就是这样一种卓越的事实，也即他人的死亡比我自己的死亡更能触动我。对他人的爱是对他人死亡的动情。我对他人的接受，而不是等待我的死亡的畏，才是死亡的意义所在。

　　我们在他人的面容中遭遇死亡。

从时间出发思考死亡

1976 年 5 月 14 日星期五

从时间的角度来思考死亡——而不是像海德格尔那样，从死
亡的角度来思考时间——是布洛赫对乌托邦主义的概述所发出的邀
请之一。另一方面，在这种乌托邦主义中，他的出发点是对被赋予
给情感的意义提出疑问，这一情感是迎接死亡的情感（对失败作品
的忧郁）。在我们与邻人的关系中，死亡提出了一个问题，矛盾的
是，这个问题正是我对邻居的死亡所负有的责任。死亡揭示了他人
（Autrui）的面容，这正是"不可杀人"的戒律的体现。试图从谋杀
入手，暗示死亡的全部意义。

因此，我们发现了死亡现象学中所暗示的特征。在死亡中被铭
刻的终结，以及超越任何论证方式的问题，一个原始的问题，没有
提问的问题，没有主体的问题，一个自行提出的纯粹问题，一个作
为纯粹提出问题的问题。由此，这里出现了一系列问题。死亡的意
义可以从时间中寻找吗？难道它不存在于被理解为与他人的关系的
时间的历时性中吗？我们能否将时间理解为与他者的关系，而不是
将其视为与终结的关系？

这就产生了一些初步问题。当时间性——它的生成——与理性
相悖时，我们还能理解时间吗？当哲学认为同一性就是同一性，当
知性以同一性为乐，以同一性的稳定性为乐，以将他者同化为同
一性为乐，当一切改变都是无意义的，当理解将他者同化为同一性

时，我们如何赋予时间以意义？

从黑格尔的生成之合理性出发，我们可以肯定，尽管主体及其角色被赋予了否定性的力量，但**同一者**仍然保持着其合理性的特权。我们可以思考同一性与非同一性的同一性，在这种同一性中，同一者的合理性依然存在。一切与自我不一致的事物，一切仍处于生成过程中的事物，都被认为是纯粹主观和浪漫的。不安、探求、欲望以及在其问题的召唤中的问题，作为对他人的祈祷的问题，所有这些在肯定价值中都受到了轻视，所有这些都被解释为这些肯定价值的衰落和知识的匮乏。在此，我们想建议，人们可以根据其他标准来看待这些不受重视的匮乏。

但是，在我们习惯的理智主义中，这些匮乏和时间性的生成本身，指的是呈现于自身的东西的稳定性和实现，是已成为术语的东西的稳定性和实现。这个术语就是活生生的当下，是能够呈现和表现自身的稳定性，是在在场中维系在一起的稳定性，是被掌握在手中的稳定性。由此，时间被分割为瞬间，分割为相同的原子，分割为点或尖，分割为纯粹的"何处"和纯粹的"何时"，如同在纯粹的密度中的诞生和消亡。参照一致性。

因此，时间与在时间中持续的存在之间存在着混淆。

胡塞尔把最终的可理解性还原为时间性，把观念的整个永恒性还原为时间性（永恒性在此被理解为全方位的时间性），他在活生生的当下找到了一切存在和意义的起源，把这种内在的时间性描述为感性质性的流或河流。这里预设了时间由一系列瞬间所构成。时间质性的形式随着时间的流动而改变，这些质性的流动可以通过它们在时间中的顺序来识别。即使时间是由这些质性构成的，难道形式本身就不能重构同一性吗？形式召唤着同一性，召唤着内容的同一性。质性、感性的形式可以被解释为知和显现的本质、给予和元

104

素，可以通过它们在时间中的顺序来辨别。瞬间的流逝犹如事物的流逝。它们逝去了，但又滞留着或前摄着。

支配这些描述的同一者的范畴并未受到质疑。生成是一个由诸多同一性的点组成的星丛。他者保持为另一个同一者，与自身相同一，可以从外部通过它在这个秩序中的位置来辨别。对时间的理解依赖于一个与自身同一的项（une terme）与在场的关系。同一事物的每一次改变，都会在这种滞留和前摄支配的共存中重新找到自身的同一性。诸项（termes）共时性的可能性正是对其意义的检验；诸项之间的差异确保了瞬间的稳定性，在其中，时间与现实持续混融。因此，仅仅指向自身的项的同一性得到了保障。

在这种分析中，时间的不安和非静止得到了平息。表象与共在的可能性就是在场的可能性，也就是项在秩序（开端或终结）中的可能性，因此也就是原初或终极概念的可能性，是项仅指向自身的可能性。安宁、肯定的合理性，即存在的合理性。

时间的终极隐喻是流，是液体的流动——这个隐喻来自客观世界，而它本应捕捉到一切客观性的源泉。那么，时间难道不是预设了对所有瞬间的支撑吗？

我们可以认为，水流的流动、事物的流动以及运动本身都是从意识的流动中借用的隐喻，而确切地说，流动只能指时间，它并不能与持续的内容相混淆。这或许就是柏格森关于绵延的持续先于内容的持续的思想。但是，这也是胡塞尔的思想吗？对胡塞尔来说，时间总是从内容出发来思考的。对于"时间的流动不是假设了另一个时间吗？"这个问题，胡塞尔的回答是否定的。流动源始的就是对意识的描述。

海德格尔基于向死存在对时间绽出的演绎，没有借助于任何流动的东西就能够满足自身的预期，比任何河流的形象都更令人满意。

但是，要把时间理解为可还原为同一者的同一性，我们是否必须从流的形象出发呢？时间的非静止性，即时间跨越同一性的方式，除了流动这一特权隐喻所暗示的持续流动性之外，还能指别的什么呢？要回答这个问题，我们需要自问，同一者和他者的意义是否仅仅在于质量或本质的区别，即时间的被给予和可辨识性？换句话说，不管任何术语，也不借助任何河流或流动形象的术语，时间的非静止或不安难道不意味着他者（不借用任何可识别的和定性的东西）对同一者的不安？这是一种因无法辨别而自身同一的不安，或者说是一种无法用任何质来辨别的不安。这一方式的自身同一，没有同一的同一，就是把自己认同为我，是在没有主题化、也不显现的情况下内在地认同自身。在不显现的情况下，在命名之前就自身同一。

这一点可以从探寻和生成的现象中窥见一斑，探寻和生成可以在我之中指向与这样一种东西的关系，它并不因为缺席而不存在，而是因为不可限定，既不能与任何事物相容，也不能与任何事物构成当下，更不能将自己置于表象或当下之中。任何当下都不具备与这种不可限定之物相称、与项全然不同、与内容全然不同的能力。因为它是无限的，所以这个不可限定的东西也是不可承受的。

时间和所有时间现象（探索、问题、欲望等）总是通过缺席来分析。在这些现象中，我们难道不能把它们的空无、它们的未完成看作超越内容的一步，看作与不可包容者、与不能说成是项的无限者的关系模式吗？

与无限的关系是一个难以维持的、无法表象的问题，它没有准时性，在持续共时的包罗万象的理解之外，它本身无法被设计。然而，无限并不排斥探索，也就是说，它的缺席并非纯粹的缺席。探索不是与差异的非关系，而是与个体者的关系，一种非差异中的差

127

异关系，排除任何共同的尺度，不论这些是终极者、共同体或共同在场。然而，一种关系仍然存在，那就是异时性本身。时间必须被思考为与无限的关系。探索或问题不是任何占有的不足，而是与占有之外的关系，与无法把握的关系，在那里，思想会撕裂自己。

永远（Toujours）。永远会自我撕裂。永远解释这种撕裂的方式。时间的永远是由欲望与被欲望之间的这种不相称所产生——而这种欲望本身就是意向性意识在它的意向行为—意向相关项的相称中的破裂。

探索即质疑，质疑先于对被给予事物的疑问。在有限中的无限。质疑者的裂变或被质疑。这就是时间性。

但这个"在之中"意味着什么呢？他者对我的质询是对我的责任的召唤，这赋予了我一种同一性。在这种质询中，有意识的主体从自身中解放出来，它被溢出所分裂，被超越：这就是作为觉醒的时间的不安。这种由他者带来的干扰对存在本质所定义的同一提出了质疑。这种同一者与他者在我的核心处的分裂是难以维持的，不安扰乱了静止的心，而静止的心并不能还原为某种术语的直觉——静止中的不安尚未被还原为同一性的点，它们在同一性中燃烧着、闪耀着，并通过静止暗示着比任何不安都更久远的永恒——这就是觉醒，这就是时间性。

有必要从伦理角度思考同一者被他者撕裂的问题。这种同一者的同一化的反复出现，就是要忍受所有的激情，以至于忍耐，也就是说，要忍受传讯，而不是为了逃避紧急情况而躲避到表象之中。在任何主格之前都是宾格。内在的同一性恰好指示了维持安宁的不可能性。它从一开始就是伦理的。

时间，与其说是意识内容的流动，不如说是同一者向他者的转向。这就是转向他者，而他者作为他者，会在这种不可同化的转向表象中谨慎地保持时间上的非同步性。当无法追忆（l'immemorial）取代了源始（l'origine），无限才是时间的目的论。这种对他者的转向，根据一种多重情结，是对他者——我的邻人——的回应。这是一种不可转移的责任，它的紧迫性使我成为不可替代的独特存在。

时间的永恒，我与他者的不可同一化，我与他者的不可综合。异时性。舒张期（Diastole）。不可能在同一片土地上创作（composer），不可能在世界中共创（com-poser），不可能通过在我脚下的大地上滑动的方式进行创作。

这种差异的"连续"。异时性。对这种不可能性的忍耐，作为时间长度的忍耐，忍耐或被动，不归结为时间聚合的永恒的忍耐。无法挽回的时间流逝凸显了记忆对时间的异时性的无力。在流动的形象中，记忆对时间流逝的无能为力凸显了时间的异时性。

差异不是逻辑上的区别，而是非冷漠（Non-indifférence），是对不可包容之物的欲望，是对无限的欲望。与所有良好的逻辑和本体论相悖，我们发现了不可能的实在，在这种实在中，无限（将我置于疑问之中）就像少中之多。

129　　　非冷漠或欲望是有别于情欲的倾向。情欲是忍耐中的不耐烦，是不耐烦本身。这是同一者的转向，而非意向性的转向。意向性是相关性，它将自身融入其相关性之中，使自身与可把握的、被给予的事物共时。转向本身朝向别的东西，但以别样的方式。

对于无限而言，包容并不充分。

总结：再次提问

1976年5月21日星期五

我们所要做的，是将时间与衰老的被动综合所导致的死亡分开 *130*
来思考，将时间与死亡或死亡所象征的虚无的终结分开来描述。从
时间的角度来思考死亡，而不把死亡看作时间的筹划。思考死亡的
意义——不是为了使死亡变得无伤大雅，也不是为了为死亡辩护，
更不是为了承诺永生，而是为了试图说明，死亡赋予人类冒险的意
义，也就是说，赋予存在的本质（essance）或超出本质以意义。我
们试图在思考时间的同时，承认死亡与存在的简单否定所产生的虚
无之间的差异。

死亡不属于这个世界。它永远是一种丑闻，从这个意义上说，
它永远超越世界。否定所导致的虚无总是与否定的意向性姿态相关
联，因而保留着存在的痕迹，而这种姿态拒绝、排斥和否认死亡。
因此，死亡提出了一个没有被提出的问题，它并不恰好是意识的一
种方式，而是一个没有任何被给予的问题。每一个作为知识的意识
行为，都是信念、立场或意见。死亡的虚无所提出的问题是一个纯
粹的问号。孤独的问号，同时也是一个请求（每个问题都是一个请
求、一个祈祷）。死亡的虚无所提出的问题并不是任何形式的信念； *131*
它属于比意识更深层的心理层面，属于一个事件，这一事件被打
破——而正是在这里，我们必须寻找时间。

如果没有与他人的关系，没有他人面容上的问号，就不可能向

自己提问，也就不可能有著名的灵魂与自身的对话。

时间作为一种没有信念的心理模式而存在，作为一种绝不是知识的绵延而存在，这种绵延与我们对时间持续的意识无关，这种意识本身也在绵延（对绵延的意识就是意识的绵延），然而，这种绵延具有某种意义，甚至是宗教意义，即对无限的敬畏的意义——这就是上一讲所指出的。

要想找到这种绵延的意义，我们就必须不拘泥于不动的永恒的活动形象，不拘泥于流动的观念，不拘泥于从存在/虚无的游戏中设想的向死存在和时间。我们需要思考合理性和意义，而不是执着于充实（remplissement）模式（胡塞尔），虽然其中有一整个理性的历史，根据充实模式，意义是完全拥有，是被给予、实现和满足自身的东西，是与人们对它的期望相符的东西，是可以容纳和包含的东西，是一种结果。

这是一种可把握、可理解的结果的合理性，相对于这种合理性而言，绵延因其尚未实现、未完成的东西而困扰着我们。对意识来说，意义的理想依赖于不可动摇的世界地基（即天穹下的大地）。一种思维方式的合理性是在其自身的尺度上、在其自身的范围内思考，相对于它而言，每一种探索、每一种渴望、每一个问题都是一种生成，构成了一种尚未和匮乏；对于这种理性而言，探索、渴望和追问都是不令人满意的；它们代表着知识的贫乏。

探索、渴望和追问，仅仅意味着没有答案，也就是说，意味着同一性的不足，还是对那个超越思想的事物的思考？在此，我们不禁要问，我们是否有权使用"那个"（ce）这一指示代词，因为它表示的是与其思想相称的内容，是思想的关联物，并且，这种思想与超越尺度的关系是否还能被称为思想？

132

超越意识的时间难道不是存在论事件在其中被取消了的心理模态吗？或者说，与所有存在论事件相反，无法被容纳的、完全他者——或者说上帝——是否会在时间中触发（affection）同一者？说到触发，我们既想表达他者进入同一者的不可能性（被看见的不可能，被瞄准的不可能），又想知道这种进入的不可能是否仍然是根据一种比任何被动性都更被动的被动性，即根据一种无法被假定的被动性而被关注的一种方式。我们不禁要问，触发是否不意味着耐心地忍受，以一种名为绵延时间的忍耐来忍受——这是一种独一无二的关系。

无限或他者，如果存在于有限之中，就会被同化，哪怕只是通过它的反映。然而，绵延的时间是一种任何前设都不能设定或定义的关系。接受时间的冲击是不可能的；接受了时间的冲击却仍在等待，不接受而接受，不假设而假设，忍受仍在其超越性之外的东西，却仍受其影响。在其超越性中等待着那个不是那个（ce）、不是术语、不是等待的东西。没有被等待者的等待。

耐心地等待。忍耐和忍受的过度，告别上帝，告别上帝的时间。没有等待者的等待，等待无法成为项的东西，等待总是从他者指向他者的东西。绵延到永远：时间的长度不是流动的河流的长度。时间作为一种敬重关系，是对不能够被表象者的敬重，是对不能够被表达为那个，但并非漠不关心的东西的敬重。并非漠不关心：一种不安的方式，在没有假设的被动性中的不安。

非冷漠或不安，比象、占有、接触和回应——比存在——要多得多。产生知识、答案和结果的意识不足以满足需求。对无限而言，作为欲望和追问的思想是合适的。因此，时间就是无限的加法在减法中的爆发——笛卡尔称之为无限的观念。因此，时间等同于无限的"存在"之方式。这种方式就是忍受无限，也就是忍耐。

在此，有必要通过将"在之中"以别于在场的方式思考，来将"在同一者中的他者"视为主要范畴。他者不是另一个同一者，在之中并不意味着同化。在其中是他者让同一者不安，同一者渴望或等待他者的境域。同一者并不是静止的，同一者的同一性不是其所有意义的归宿。同一者所包含的比它所能包含的更多，这就是欲望、探索、忍耐和时间的长度。

如果时间是他者对同一者的忍耐，是一种成为时间长度的忍耐，那么，死亡是如何在时间中获得意义的？这种忍耐、这种扰乱、这种创伤，或者这种忍耐的异时性有什么具体意义呢？时间的时间性的确是模棱两可的。绵延可以用一种综合（synopsie）的方式显示其自身的连续性，在这种方式中，时间被内化了（这不是人类的过错：这是这种忍耐的本质模糊性，是这种忍耐中的不耐烦）。时间失去了它的异时性，以便在记忆和期待的连续性中汇聚在一起，将自身提供给先验统觉（l'aperception transcendantale）的统一性，以便将自身构成为流的统一性，构成为居住在世界中的人的统一性。在胡塞尔看来，时间就是这样被视为一种内在性的过程。

他者（l'autre）的创伤难道不是来自他人（d'autrui）吗？死亡的虚无不正是邻人面容的赤裸吗？"你不应谋杀"就是面容的赤裸。
134 我对邻人的死亡所负的责任不就是与他的接近吗？如是，我与无限者的关系就在这一责任中被倒转了。在他人面容中的死亡，是他异性触发同一者的方式，这种他异性，在同一者中产生问题的方式使得同一者的同一性展现出来。

这个问题——死亡——本身就是它的答案：他人的死亡是我的责任。通向伦理层面的通道就是对这一问题的回答。同一者转向无

112

限，既不是目的也不是愿景，而是问题，一个同时是回答的问题，但绝不是灵魂与自身之间的对话。难道问题、祈祷不是先于对话吗？问题意味着作为伦理责任的答案，作为不可能逃避的答案。

但是，在他者之必死性所提出的问题中，这种与他者的关系可能会因为组织它的习俗而失去其超越性，因为它在一个他者与我同属一个社会体的社会中成了连续性。于是，"为了他者"作为一种有意义的活动合理地发生了。结果，主体的实体性从灰烬中重生。主体性不就是这样冻结的吗？

因此，只有当纯粹的疯狂被怀疑处在意义——这意义表现在对他人的忠诚之中——的核心时，被动性才是可能的。这种荒诞是我的必死性，我的无谓的死亡——它阻止我的责任变成将他人同化的行为。我的必死性、我的被判死亡、我在死亡边缘的时间、我的死亡，并不是不可能的可能性，而是纯粹的被缚，正是这些构成了荒诞，使我对他人的责任成为可能。

与无限者的关系是终有一死者对终有一死者的责任。正如《圣经》中亚伯拉罕为所多玛求情的经文（《创世记》第18章，第23节及以下）。亚伯拉罕被他人的死亡所吓倒，承担起了代为求情的责任。就在那时，他说："我自己也是灰烬和尘土。"

上帝与存在－神－逻辑学

从海德格尔开始

本课程的主题——上帝与存在－神－逻辑学*——源自海德格 137
尔。它尤其见于海德格尔对黑格尔的解读（主要是《形而上学的存
在－神－逻辑学机制》[1]）。因此，我们将从海德格尔开始。但我们将
只作初步探讨，说出一些此后再会反驳的意见。

对海德格尔来说，形而上学的存在－神－逻辑学主题与特定时
代的特征是相辅相成的。时代并不是指时间空间，而是指存在显现
自身的某种方式。正是依照"某种方式"，时间被分割了，历史运动
了起来。[2] 这里所说的时代（存在－神－逻辑学时代）包括整个哲学。

这个时代不是偶然的。它不是什么人类衰败的结果，而是反映 138
了某种过程，反映了存在本身的某种历史（这是所有追问的终极，
也是意义的终极）。然而，它并不像演绎结果那样具有必然性；它
在逻辑上、机械论上或辩证法上都不是必然的。

---

[1] 海德格尔的《形而上学的存在－神－逻辑学机制》构成了《同一与差异》的
第二部分，参见 *Identität und Differenz*, trad. A. Préau, in *Questions* I, Paris,
Gallimard, 1968。

[2] 参见海德格尔的《尼采》（*Nietzsche*, trad. P. Klossowski, Paris, Gallimard,
1971, pp. 201-202）第二卷的这一段："'今天'——既不是根据日历假定的，
也不是根据普遍历史事件假定的——是在形而上学历史的特定时间基础上确
定的：它是在尼采的形而上学基础上对历史人性的形而上学确定。"

* onto-théo-logie一词在通行的翻译中一般译为"存在－神－逻辑学"，也会直译
为存在论学，后文为行文流畅，一般译为存在论神学。——译注

对这一时代的划分，带有贬义的细微色彩。海德格尔的问题并不是转向过去——然而，在批判中确实有一些贬义的东西：就像对错过的可能性的提醒，对这一时代未曾言说、未曾思考之物的提醒。这里有一种时代自身的枯竭，这种枯竭再次留下了一个机会：[3] 重新联结的可能性，但这次是以一种成熟的方式，与那个未曾言说、未曾思考的时代重新联结。

在此，我们将回顾海德格尔思想的一些基本要素。

1. 海德格尔带来的最卓越的东西是"存在"这个动词的新音调，确切地说，是它的动词音调。存在：不是"什么存在"，而是动词，是"存在"的"行为"（在德语中，Sein 和 Seindes 很容易区分，而且后边一个词没有法语 étant 的野蛮发音，因此，最初的译者不得不给 étant 打上引号）。这一贡献，是海德格尔作品中最令人难忘的。其结果是：

2. 存在与存在者之间的根本区别，即著名的存在论差异。在存在的动词音调和它的名词音调之间存在着根本的差别。这就是差异（la différence）。每一种差异都以某种共同点为前提——但在存在与存在者之间，则没有任何共同点（这里所呈现的是一种默言［dé-dire］的所说［dit］）。

139   3. 语言。它是这一差异的处所，是存在的处所。语言是存在之家。[4]

4. 对差异的遗忘。这种差异已被遗忘，这一遗忘构成了西方思想。

---

〔3〕　参见《哲学的终结和思的任务》，*Das Ende der Philosophie und die Aufgabe des Denkens*, trad. J. Beaufret et F. Fédier, in *Questions* IV, Paris, Gallimard, 1976。

〔4〕　"语言是存在之家，在其庇护之下，人居住着。"——这是《关于人道主义的书信》里最基本的命题之一。参见 *Lettre sur l'humanisme* (trad. R. Munier avec texte en regard, Paris, Aubier-Montaigne, 1964, pp. 26-27)。

这种遗忘绝不是人类心理缺陷的结果：它根源于存在自身，是存在本身的一个事件。存在本身让自己被遗忘，遮蔽了自己——正是这种遮蔽导致了（人）对存在的遗忘。遗忘是存在的一个时代。[5]

西方思想只把存在理解为存在者的基础（所有哲学都不过是存在的语言；它是存在可以被言说的方式；因为存在有一种沉默的语言，人类对它作出回应）。

现在，有一种存在的姿态，一种存在的统治。在德语中，人们使用动词wesen。Das Sein west：存在本质现身（而存在者存在着）。*存在本质现身，做着它的工作，主导它的存在，引领着它的存在巨链。因此，我们可以说，存在者建立在存在之中。但这已经是对存在的某种阐释，已经是一种遮蔽。把存在说成是一个基础，人们并没有说出在其真理中、在它自身的姿态中的存在——这些需要在思考存在之际重新找到。

在海德格尔看来，对存在之真理的理解立即被其作为万物普遍基础的功能所掩盖，而这一基础是因为有一个至高无上的存在者，有一个创始者，有上帝。对存在的思考，对在真理中的存在的思考，成为对上帝的认识或理解：神学（théo-logie）。欧洲的存在哲学成了神学。

在这个意义上，请看他对亚里士多德的解读：亚里士多德提出的问题的确是作为存在的存在（动词性的存在），但存在立即被视 140

---

〔5〕　关于这一意义，请参见海德格尔在《一次关于〈时间与存在〉的讨论课的记录》中的看法，*Protocole d'un séminaire sur la conférence "Temps et être"*, trad. J. Lauxerois et C. Roëls, in *Questions* IV, *op.cit.*, pp. 58-59。

*　此处遵照孙周兴的翻译，将动词的wesen译为本质现身，以与名词的Wesen（本质）相呼应，对这一术语的翻译可参见孙周兴为《哲学论稿》中译本撰写的译名讨论，海德格尔：《哲学论稿》，孙周兴译，北京：商务印书馆，2012年，第558—559页。——译注

为存在者的基础，到最后，它被命名为上帝。从此，哲学变成了神学。这就是我们前面引用过的标题："形而上学的存在 - 神 - 逻辑学机制"。

然而，这并不是一个纯粹而简单的错误问题，而是（从存在者开始）对存在的某种理解的问题：如果我们不思考（存在者的）存在，就不会思考任何东西，但是，在形而上学的时代，我们把存在作为基础来思考，或者说，我们形而上学地思考。因此，海德格尔的做法是重新解读形而上学，以发现形而上学所未说出之物。由此，对形而上学的某种摧毁（或解构）是必要的。然而，海德格尔将他与哲学对话的方式与黑格尔的方式对立了起来：黑格尔将哲学解读为进步；他解读哲学的核心概念是扬弃，我们确实可以像德里达一样，[6]将这个词翻译成relève（人们会想到哨兵的换岗、卫兵的换岗等；扬弃既是被摒弃，又是被保留和提升）。但对海德格尔来说，这不是扬弃，而是后退。

5. 用存在论神学代替对存在的思考的同一运动，在一系列连续的遗忘中导致了科学，科学只关注存在者，它使存在者从属于自己，它想要征服和支配存在者，它寻求对存在者的权力。因此，这一运动导致了权力意志（这是对存在的某种特定理解，是我们这个时代的存在成其为存在或完成其存在的方式）；它导致了技术。形而上学的终结，技术世界的危机，导致了上帝的死亡，这实际上是存在论神学的延续。

6. 形而上学的终结为存在之思留下了机会，而存在之思将不再是存在论。[7]海德格尔不再使用"存在论"一词，因为它仍然与

----

〔6〕 请参见第一门课程，1976年2月27日，注释〔2〕。
〔7〕 请参看海德格尔晚期的一次讲座，其标题就已经十分雄辩地说明了这一点：《哲学的终结和思的任务》。

逻辑学联系在一起（而在他思想的第一阶段，他的任务是基础存在论）。这种放弃是由于对逻辑学的记忆，也就是说，存在被翻译为存在者之存在的方式。逻辑学仍然带着存在论神学的印记。而另一方面，那将要到来的，那能够到来的，海德格尔称之为存在之思。上帝之死和存在论神学的终结标志着一个新时代的到来。

是时候结束存在论神学了。但问题在于：存在论神学的错误是因为把存在当成了上帝，还是因为把上帝当成了存在？

提出这个问题就是要问，在动词和名词意义上，存在是不是意义的终极来源。存在，即存在与虚无。虚无，正如我们自黑格尔以来就知道的那样，并不是排斥存在的纯粹否定活动的结果；否定会在它的鞋底上留下它所离开的大地上的尘土。任何虚无都是某种东西的虚无——而这种虚无即虚无的东西仍然是思想。存在与虚无是相联系的。

难道上帝不是指向了存在的他者吗？在上帝的形象中，思想的符号化不就是对存在的分裂和颠覆：一种超－脱－本质（dés-interessement）（从essement中脱离）吗？不可还原为同一的他者，难道不是在某种关系（伦理学）中，使思考这个他者或超越成为可能吗？

伦理学不只是一个简单的层面，而且是比存在论神学更古老的东西，必须对其加以解释。[8]

---

[8]　前原初的、前逻辑的伦理学必须解释存在论神学这一事实，而存在论神学并不比伦理学更古老，却掩盖了伦理学，以至于被遗忘，这是《别于存在》的基本主题之一，我们将不得不回到这个主题上来。在此，我们可以引用这部著作第57、58页中这些具有启发性的句子："还原绝非欲驱散或解释某种'先验表象'。还原在其中开始的诸结构［在性质上］是存在论的。……但还原在此乃是所说之被还原到言说，那超过逻各斯、超过存在与非存在、超过本质、超过真与不真之处的言说，乃是还原到表示，还原到包含在责任（转下页）

有意义的东西并不一定要存在。存在可以证实思想，但思想思考着意义——意义又被存在展示。这种思想扩大了无私（désintéressement）。

将上帝与存在论神学对立起来，是在构想一种新的方式，一种新的意义概念。而正是从某种伦理关系出发，我们才能开始这种探索。

（接上页）（或更准确地说，替代）之中的为了他人，亦即那人性之处或非处，人性之处与非处，人性之乌托邦，还原到那字面意义上的不安或此种不安之异时。而无论存在所具有的所有那些被聚集起来的力量如何，也不管存在自身的联合中所有那些同时发生的力量如何，存在都不能使这一异时变为永恒。那与主体有关者以及其善不能从存在论出发来理解。相反，从言说所具有的那种主体性出发，所说之所表示者才能被解释。应该可以指明，只因为言说或责任要求公正，才有那关于所说和关于存在的问题。因此，仅当公正被交还给存在之时，下述断言，一个若从字面上看就会很奇怪的断言，即由于不公正'大地的全部根基都被动摇'，才将被理解。只有这样，那允许我们将真与意识形态分开的无私/无是之域才会得回其真。"（中译本第118—120页）

存在与意义

1975 年 11 月 14 日星期五

存在论神学的主题将上帝进入哲学与对存在的某种含义的思 *143*
考联系在了一起，而存在的含义是在存在者的基础的意义上理解的
（海德格尔提出了"上帝是如何进入哲学的？"这一问题[1]）。在海
德格尔看来，这种以存在者为存在的基础的概念标志着形而上学，
也就是说哲学的时代的特征，在哲学的时代中，存在者的基础本身
就是存在者，存在被理解为存在者，存在论的差异被遗忘了。这种
形而上学在我们被技术所延长的欧洲科学中终结并完成了。思维现
在有机会重新发现一种可能的对存在的思考。这不是一个回到过去
的问题，也不是一个在这个时代结束之后，通过将思想与存在论神
学分离，重新获得思想的可能性（不等这一形而上学的时代自我消
逝）的问题。

海德格尔的关键论点是，存在是一切意义的起源。这立即就意
味着，我们的思维不能超越存在。一切有意义的事物都会回到对存
在的理解。正是针对这一论题，在此出现了一个问题：从存在论神 *144*
学的角度思考上帝，是对存在的误解（海德格尔的论题），还是对
上帝的误解？难道上帝不意味着在存在之外吗？（然而，这对海德
格尔来说几乎是站不住脚的，尽管柏拉图和普罗提诺的哲学传统中

---

[1] 参见 *La constitution onto-théo-logique…*, p. 290。

存在着对超越存在的上帝的思考。）就上帝的意谓而言，难道所有的意义不都要回到上帝那里去吗？有意义的思想难道不是对存在的一种颠覆，一种无私（即对秩序的超出）吗？[2]从这个意义上说，在存在之外就意味着超越性，而不是最高级（superlativité）——除非最高级源于一种高度，而这种高度并非由存在所启发。

将上帝从存在论神学中分离出来，是为了构想关于意义的概念的新方式。在这里，尤其是同一者与他者之间的关系。作为他者的他者与同一者毫无共同之处；它不能被视为一个综合体；不可能进行比较，也不可能共时。同一者与他者的关系是同一者对他者的敬意，在这种关系中，我们可以辨认出伦理关系（从同一者到他者：没有共同的尺度，但并非没有关系——这里的关系是一种敬意的关系）。伦理关系不再从属于存在论或对存在的思考。

在什么意义上，存在论之外的合理性是可以思考的，是可能的呢？在存在之外的思想——一种比它能思考的还思考得多的思想——具有什么样的结构呢？在这里，相关性、意向行为—意向相关项的平等受到了质疑。这里会有一种关系，但不是平等的关系。

这种平等关系是希腊式的。然而，如果我说的是另一种关系，那么，这种希腊式的理性，这种平等的理性，正是被意图将其相对化的话语所宣称的。在这里，关于存在的超越的论述试图保持其融贯性。

145　　　对希腊人来说，话语是交流和阐明意义的地方——但它已经向思着的人呈现出来了。正是在这种话语的融贯性中，思想本身就是思想。不是先有思想再有话语，而是话语本身就是思想。人们记

---

〔2〕《别于存在》谈到了"没有摆脱同一的秩序，没有摆脱秩序"（第9页，中译本第29页）。

得，在柏拉图那里，苏格拉底教导奴隶的唯一条件就是要懂得希腊语；希腊语，而不是野蛮人的语言；希腊语，是有句法的语言，而不是由杂乱无章的音节组成的语言。[3] 这里有一个难题，因为逻辑关系只能在逻辑话语中被相对化地表述。

在西方传统中，语言表达对于作为意义的意义非常重要：如果没有语言，就没有意义。而作为意义的意义是存在的显现（但对希腊人来说，存在的显现是一个同义反复！[4] 存在即显现，"存在" = "显现"——海德格尔坚持这一立场）。语法范畴在希腊思想中被视为存在的范畴及其可理解性。康德在陈述判断的方式中发现了范畴表。[5] 逻辑学在某种程度上已经是存在论；至少，在逻辑学中可以找到存在的基本形式。

说，就是说希腊语。[6] 但是，如果意义确实只在语言中显现，那么我们是否也必须肯定，逻辑阐释不算是如此这般言说呢？ *146* 我们难道不应该自问，对意义的逻辑阐释是不是召唤着"默言"（dédire）——言说召唤了默言？言说是否没有展现意义与显现本身之间的距离，也就是说，在意义和显现意义时获得了存在方式之物之间的距离？难道显现出来的意义不是有别于这种表象，有别于存在的姿态，有别于以立场或主题的方式与之混合在一起的存在的

---

〔3〕　参见《美诺》，82b。

〔4〕　这样的看法解释了列维纳斯对米歇尔·亨利研究的爱好，尤其是他在《表现的本质》（*L'Essence de la manifestation*, Paris, P.U.F., 1963, 2 vol.）中所表达的内容，这一作品试图在表现中寻求思考存在。列维纳斯在1976—1977学年为此书开过一门研讨课。

〔5〕　参见 *Critique de la Raison pure*, trad. A. Tremesaygues et B. Pacaud, Paris, P.U.F., 1968, 6ᵉ éd. pp. 86-99。

〔6〕　希腊语的特权，作为一门普遍的语言，由此作为大学的语言，也被列维纳斯所认可。人们甚至能在哲学作品之外，在塔木德课程中看到这一点，比如在《圣经》的翻译"（*A l'heure des nations*, Paris, Minuit, 1988）中，他认为，摩西五书只能被翻译为希腊语。

轨迹吗？因为，在提出的过程中，我摆出了姿势，这就是我展示的方式，而且已经有了存在的介入。因此，一切意义似乎都是信念（doxique）。但是，我们是否也可以谈论一种悖论（para-doxal）的意义（也即不是某种意见的意义）？[7]

换言之，我们需要把语言视为一个问题。但问题本身是否只是对肯定的一种缩减？在质疑的过程中，我是否仅限于做比肯定更少的事情？问题仅仅就是这些吗？对希腊思想来说，是的：问题就是缩减。问题是提出来的——是朝着答案提出来的。但是，作为问题的语言是否仅仅是对肯定的缩小？在"如其所说"（pour-ainsi-dire）和"不说"中出现的意义与表达之间的间隔，是否仅仅意味着否定？——这反过来又被视为一种立场，并且仍然表达着一种存在论——如果是否定的话，在我们所说的否定神学的意义上。在后一种情况下，否定并不是立场的真正对立面，而是一种否定的立场。肯定或正面判断的优先性和首要性仍然得到了保持（在否定神学中，我们假设上帝不是什么）。

这种对存在论优先性的质疑，在哲学上是针对哲学提出的问题。它要求我们，在寻求另一种意义来源的同时，不要否定哲学。在这里，既有分离，也有不分离。这是所有当代思想的特点，它们既在寻求意见立场之外的东西，但就其言说而言，又仍然在进行哲学思考（这就像亚里士多德所说的：不进行哲学思考仍然是在进行哲学思考）。[8]

147

---

〔8〕 《上帝与哲学》正是以亚里士多德的这句名言为开端的，我曾指出，这门课程可以看作其别样的说法，参见中译本第93页。

126

哲学将一切意义和一切合理性都追溯到存在，追溯到存在者在肯定自己是存在者的前提下所做出的存在的姿态（表达了存在的本质的存在的姿态 "la geste d'être" 一词，[9] 强调了存在的动词方面）。这种存在的姿态与作为语言的命题中的肯定不谋而合。这一存在，这一存在的行为或事件，肯定自身——如此坚定，以至于听起来像一个命题，在命题中显示自身。存在肯定自身，确认自身，显示自身，在意识中呈现自身。我们在言说这一事实，正是对存在的强调。我们思考和肯定的事实，就是存在本身自我肯定的事实。

这种肯定发生在坚实的基础上，所有基础中最坚实的基础：大地。[10] 这种存在摆置自身观念的产生有一个条件：大地的坚固。对本质（essance）的肯定本身在一切运动和一切运动的停止之下就预示着这种安宁（repos），这种基底（substance）。在动词"存在"——语法学家轻率地称之为助动词——中，回响着的是对基本安宁的统治，而这种安宁的前提是大地。这是一种活动的宣告，但它既不宣告质量的变化，也不宣告位置的变化，而只是宣告存在：非-不安、安宁，作为其安宁行为的特性。在这个表述"安宁的行为"（希腊人毫不犹豫地称之为纯粹的行为）中，存在着明显的矛盾。在追寻存在的躁动之下，有一种平静的安宁。在我们所做的一切背后，都有这种安宁。这种安宁既是一种必然，也是一种普遍的预设——而且，它不是暴力。

因此，如果我们在这里提出的是一种不安，那么这似乎是一种丑闻。

----

〔9〕　关于essance一词，参见第一门课程第一节课的注释〔2〕。

〔10〕　与本课程同时代的几本书都将大地的坚固性作为一个基础事实进行了思考。人们尤其可以阅读 "Philosophie et positivité", *Savoir, faire, espérer. Les limites de la raison*, Bruxelles, Facultés universitaires Saint-Louis, 1976。

存在与世界

1975 年 11 月 21 日星期五

　　在我们将思想从存在论神学中分离的计划中,我们曾这样提问:如果不涉及存在,不涉及存在的本质,可理解性是否还可能?我们承认在所说(Dit)之外不可能有任何对意义的呈现,而言说(Dire)本身也被所说吸收,并常常在所说面前退避三舍,但我们可以自问,在理解或呈现意义时,如果缄默(Dédit)的召唤不是所说的内部召唤,那么所说的形式与这一意义本身之间是否仍然存在距离?这就出现了这样一种情况——即使我们刚才提出的问题的答案是肯定的,我们仍然无法摆脱希腊哲学的解释。更确切地说,问题涉及寻找一种存在——总是被理解为在场——的定义,寻找在世界的安宁中的肯定性的定义,这一世界的安宁将决定存在论的可理解性。

　　在西方传统中,有意义的思想是主题化的:它思考被提出(pose)的东西(思考就是提出),它思考被提出的东西的安宁部分。这种基本的安宁——基本是因为它支持所有的运动和运动的停止——用动词存在来表达。通过这种安宁,多样性思考,思考的多样者有了自己的位置,在那里发现自己,认识自己,在那里存在,在这种不动中确定自己,从而形成一个世界(世界就是场所,就是位置)。在这个世界中,肯定性具有其全部意义。因此,存在者的同一性建立在一种深刻而基本的经验之上,这种经验也是对基本、

149

150

深层和基础的经验。这种安宁是对存在之为存在的经验——它是对大地稳固性的存在论经验。对于我们的传统思维（或西方思维，或希腊思维）来说，这种同一性是不可动摇的真理。

根据《蒂迈欧》[1]的观点，同一之圆圈包含并包括他者之圆圈。不要以为这是过时的天文学：即使是哥白尼的几何学，即使是星际旅行，也会保持《蒂迈欧》中宇宙的同一性。（星际旅行并不会破坏安宁的同一性，但它确实消除了高度的超越性，而高度对于古人来说是至关重要的，因为它标志着无法行走的距离；从这个意义上说，伊卡洛斯的梦境令人浮想联翩。仰望星空立刻就成了崇拜，成了偶像崇拜，因此被一神教所禁止。星际旅行的结果如此令人失望，表明这些偶像是我们可以在上面行走的普通石头，是神性具有另一种含义的标志。[2]）

与这种存在的安宁相反，现代思想的唯心主义似乎倾向于赋予综合的思想活动以特权，它并未放弃这种稳定性，也就是说，世界的这种优先性——间接地说，这种天文参照。哲学思想是所有意义都来自世界的思想。现代哲学中的主体活动是对这种世界的稳定性的夸张或强调。这种在场是如此的在场，以至于可以一再地在场，或表象。安宁的稳定性稳固到了要显现的地步；如此稳固以至于人们肯定它。本质（esse）自身是一种被理解的、向人们显示自己的本质；本质本身是存在论的：存在将自身摆置到显现的地步，以至于爆发。心理是这种存在本质的最高级形式。[3]这种坚定性、 *151*

---

〔1〕 《蒂迈欧》，37c。

〔2〕 关于星际旅行的观念，可以参见作者的《海德格尔，加加林与我们》一文，载 *Difficile Liberté*, Paris, Albin Michel, 1976 (2e éd.)。

〔3〕 正是在这一意义上，《论来到观念的上帝》提出了这一问题。这个问题可以理解为列维纳斯对传承下来的哲学提出的问题："心灵活动就仅仅意味着展开本质之'实现'，仅仅意味着展开存在者的位置这一'实现'吗？"见法文版第164页，中译本第171页。

这种安宁在主体性中，通过先验知觉的综合活动，揭示出产生它们的在场的能量。

在海德格尔那里，世界的存在变成了主体的活动。安宁在此作为行为活动了起来。安宁的本质在主题化与综合的主动性中重复出现。显现自身是安宁的本性，综合的活动也是安宁的本性。[4]科学本身必须被视为存在的反映，它来自存在，来自存在之光。在海德格尔看来，人也是被存在、被存在的能量、被存在的实现（energeia）唤醒的。即使在怀疑实证主义的哲学中，实证主义（奠定一个不可动摇的基础，坚守一个稳固内容的行为：世界的世俗性）作为一种美德，仍然具有其价值。理念和符号都与内容紧密相连，只有实证的思想和语言才值得考虑（在这个意义上，请记住对布伯的批评：你的概念不是实证的）。

否定，尽管声称拒绝存在，在其对立面中仍然是一种依托大地、倚靠大地的立场。在矛盾中对肯定之否定的参照，是黑格尔的伟大发现：否定性仍然是肯定性——黑格尔会告诉我们，所有否定性在其否定性中都保留了它否定的东西。在《精神现象学》中，直接性是无名的独特性，它通过各种中介形象回到知识中的绝对静止的同一性。正是因为它不依赖于任何事物，独特性才不是思想。黑

————————

[4] 我为整理此书而使用的笔记是这样写的："显现自身是安宁的本质，综合的活动也是安宁的本质。"但我们必须回想《别于存在》的初注，在澄清了本质的意义（参见第一门课程第一节课的注释[2]）之后，还跟随着这样一段话："我们将小心地避免在其传统用法上使用（本质）一词及其派生词。我们将用'eidos'（形式，相）、'eidétique'（形式的，相的）、'eidétiquement'（形式地，相地），或'nature'（性质，本质）、'quiddité'（本质，实质）、'fondamental'（根本的）等来表达传统用法上的'essence'（本质）、'essentiel'（本质的）和'essentiellement'（本质性地）。"正是出于忠于这段话的观点，我在这里用"本性"取代了"本质"。这种忠实并非出于某种自满或谄媚，原因很简单，《别于存在》的重要性（列维纳斯承认这种语言是"野蛮的"）就在于其语言，而正是通过分享这种语言，这门课程才会属于前者的哲学空间。

格尔认为，任何他者对同一的溢出，如果没有回到同一，都是未完成的或浪漫的思考。这两个形容词（浪漫和未完成）都带有贬义。这是思想的瞬间，我们不能停留于此——因为这是一种没有根基的思想，它没有与存在的本质结合在一起。[5]

我们可以自问，形式逻辑（它并不肯定现实，它停留在一般事物的形式上，空洞无物——胡塞尔说过，我们的逻辑是一种形式化而非一般化的逻辑）在其对虚空的纯粹性的诉求中，在真正的虚空中是否可能，这种形式逻辑（胡塞尔称之为形式存在论：对抽空了所有内容的存在的研究）是否已经勾勒出了质料存在论的轮廓？形式的观念本身是否并不需要同一的稳定性、世界的安宁及其所许诺的天文学秩序？对于胡塞尔（他在早期的著作中仍然坚持在形式逻辑与质料逻辑之间建立严格的分离）来说，为了创立形式逻辑，为了证明它产生于质料存在论，就必须回到事物的经验，特别是感觉。只有当我们理解了形式逻辑是如何产生的，才能从哲学上理解它。[6]

对于胡塞尔来说，在超越论意识包罗万象的综合活动中，理性等同于通过被给予的东西来确认指向，即他所说的符号意向性（我 *153* 在读一本书，我可以找到随意丢进去的字母；我可以读到没有句法联系的单词；在阅读时，我可以在单词序列中找到一种意义，一种确定的意义；然后，一个被正确构建的命题可能是假的；最后，一个被正确构建的命题，且拥有我们所理解的意义，可能是真的：当它被现实所证实时，它就是真的。这时，思维的意义得到了证实，有一种愿景证实了意向）。在胡塞尔看来，意向本身就是确认；意

---

[5] 这里不需要提供任何参考文献，因为作为一句话，它体现了《精神现象学》的整个轮廓，从关于感性确定性的第一页到专门论述绝对知识的最后一页。

[6] 关于这一意义，可参见 *Logique formelle et Logique transcendantale* (1929), trad. S. Bachelard, Paris, P.U.F., 1957。

向秩序就是一系列的确认，它们告诉我："它是同一个对象，它是同一个，它是同一个，它是同一个……"理性思维就是找到稳定、连贯的现实的思维。胡塞尔的思寻找着他者可能逃避同一的所有视域。

那消失了的、时间上流逝的、那逝去的（现在，已经过去，必须被留下），首先被立即保留下来，然后由于记忆而被记住，最后被历史重新发现，被历史或前历史重建。[7]从柏拉图到胡塞尔，意识的理性工作就是回忆（réminiscence），它是存在同一性的终极活力，或者至少是存在论的规范方案（同一性正是在回忆中产生或重建的）。回忆，或者对未来而言，预想。胡塞尔的时间理论是一种稳定的、坚固的理论，在这种理论中，构成当下的所有滞留和前摄的操作都是理性的行为。

海德格尔也是如此，我们在他身上发现了同样的同一理想。然而，海德格尔试图摧毁在场与存在的同一性。但对他而言，同一仍然是合理的，是有意义的。

---

〔7〕　在这个意义上，至少可参阅 *Leçons pour une phénoménologie de la conscience intime du temps* (1928), trad. H. Dussort, Paris, P. U. F., 1964。

从伦理角度思考上帝

1975年12月5日星期五

海德格尔开辟了一条通往不安（inquiétude）或非-安宁（non-quiétude）的理性之路。存在在人之中是成问题、有争议的。这一问题不是人怀着好奇心进行的追问，而是存在被追问的方式，它是一个无底的深渊，是无-基础。因为存在始终是去-存在，是存在的使命，也即把握（自身）或错过（自身）的可能性。这种思维代表着与安宁的理性的决裂，与希腊传统的决裂。如果存在本身就是一个使命，如果存在既是存在着的，也是被抛的（而且即使被抛，我们仍然在存在之中），那么它就不再是希腊人的存在，不再是柏拉图式的存在。而前苏格拉底的存在反倒更接近于《圣经》的观念，或者基督教的观念。正是存在的疑问才是对存在的理解。

在海德格尔的作品中可以找到这一切；然而，当涉及终极问题（死亡）的时候，存在问题转向其终结，这种关系不再是一个问题，而是一种对抗，正如《存在与时间》中所言，"死亡是不可能的可能性"。在这个问题中，存在着一种肯定性。死亡不再是一个问题，而是可以把握的东西。因此，死亡是一种假设，而《存在与时间》也认为死亡是最确定的事情。[1]这里又一次打破了传统。因

154

155

---

[1] 参见 *Être et Temps*, §§52 et 53, trad. E. Martineau citée ici comme dans le cours précédent, pp. 187-194，中译本《存在与时间》第52和53节，第353—368页。

为在中世纪，在神圣科学（scientia divina）的观念中，对神的认识才是最确定的，同时也是最卓越的（在亚里士多德那里，只有一个神学家：神[2]——而神学就是神拥有自己的方式。在中世纪，恩典向所有人开放，而在亚里士多德那里，只有神才拥有神学）。

现在让我们回到本课程的问题上来。上帝是如何被存在论"复原"的？祂是如何被引入，"祂是如何进入"这种可理解性的？还有：有可能在存在论神学之外思考上帝吗？是否有可能提出一个允许这种思考的可理解模型？更确切地说，因为这正是我们在这里要问的问题：从一种不再是简单的世界观的必然结果的伦理学出发，我们是否能提出这样一种可理解性模式，使我们能够在存在论神学之外思考上帝？

在哲学传统中，伦理学一直被视为覆盖在存在论之上的一层，而存在论则被认为是最基本的。因此，伦理总是指向同一，指与自身相同的东西。但是，如果不涉及世界、存在、知识、同一和关于同一的知识，伦理难道就不会带来意义吗？难道它不意味着一种超越，而这种超越不会归结为通过幻象来实现目标吗？实际上，认识本身就是超越自我，走向他者，从同一走向他者。但对胡塞尔来说——这也是他的现象学的基础——超越是思想的目的，它必须由"有血有肉"的景象（vision）来填补。在这个意义上，超越就是据为己有，因此，它就是或仍然是内在性。

但是，超越本身将是一种保持为指向的指向；在此意义上，它

---

[2] 参见 P. Aubenque, *Le Problème de l'être chez Aristote*, Paris, P.U.F., 1966, p. 330："上帝是唯一的神学家，或者说，至少除了祂，没有完美的神学。……我们知道这种双重神圣的神学的关键在于什么：作为上帝对上帝的认识，它只是对上帝的认识，因为上帝不屑于思考祂自己以外的东西。"

将是一种不是意见而是悖论性的超越。从胡塞尔的超越（它仍然是内在的）到向着他者的超越，这将是一种自相矛盾的方式。他者是不可见的，是我们不期望实现、无法包容、不可主题化的。这是一种无限的超越，因为以景象填充指向的想法在这里是不适宜的，是不相称的。超越是不相称的。换句话说，这里有比意向性更多的东西。而这种超越不能被还原为否定神学的模式。

伦理是一种与他人、与邻人的关系（邻人关系不能与空间意义上的邻里关系相混淆）。"邻人"，首先强调了这种关系的偶然性，因为邻人是先来者。[3]这种关系是一种亲近，是对他人的责任。这是一种萦绕在心（obsédante）的责任，一种萦怀（obsession）的责任，因为他人包围着我，使我的自在和自为都受到质疑，使我成为人质。[4]若没有这种人质处境，我们就永远不可能说一句简单的"先生，您先请"。（这就意味着，在当前的道德危机中，唯一剩下的就是对他人的责任，[5]一种没有尺度的责任，它不像可以随时还清的债务；因为，对他人，我们永远无法扯平。）这种责任会发展到自我的裂变和非原子化。这就是自我的主体性。

意指（signifier）就是以这一个（l'un）意指他者。在这一个中，有一种优先权，那就是直接向他者展示的优先权，这种第一人

---

[3] 参看《别于存在》第109页："作为他人的邻人不让任何可以勾勒或宣布其侧影的预兆为其先导。他并不变为可见。……从任何本质、任何种类、任何相似之中解除出来的邻人，这*最先到来者，在一个完全排除了先天的偶然情况之中*，使自己成为一个首次与我有关者（即便这是一个长期处在我的社会关系网中的老熟人、老朋友、老情人也罢）。"（中译本第209页）（我用斜体标出的这些话，让人联想到了先天之前的溢出。）

[4] 请记住，"人质"的拉丁文是 obses，意思是战俘。

[5] 这就是列维纳斯这几年称为神圣性的东西，尽管在《别于存在》第164页列维纳斯说到了现代反人道主义的教训，但他还是从这一概念中找到了唯一或终极的不可置疑者。

称的展示甚至不受自我概念的保护。因为确实存在着建构着的自我，在法治社会中以某种方式被其概念保护；但是我（je）却在自我（Moi）之外，在概念之外。[6] 我已经被视为自我，但它仍然是独一无二的，因为它不可能把自己从他者中剥离出来。我不可能躲避他人的危急，躲避他人的面容，那是极端的直接暴露，是完全的裸露——就好像他人从一开始就是没有保护的，是可怜的，好像从一开始就被托付给了我。

在这种暴露中，我，我的自我，脱胎换骨，以至于寻求超越无条件的境况，在由各种瞬间组成的时间中，每一个我似乎都在使自己个体化，使自己成为类中的个体。我们可以说：我滑落了，但它仍然是我。我（沉淀在自我中）作为一个问题，溢出了存在的境况，但却在由瞬间组成的时间中，被突如其来的不安所击中。突如其来的创伤振动了时间的静止。从这个意义上说，它是突发性时间的开端，是他者在同一中的振动，准确地说，是对安宁的振动（在希伯来语中，敲击［coup］和敲钟［cloche］具有相同的词源：动词振动［agiter］）。[7]

158

------

〔6〕 在我（罗朗）看来，列维纳斯的两部伟大作品《总体与无限》和《别于存在》之间的区别就集中体现在这种对立上。第一部作品是关于"我"的现象学，我在这个世界中遭遇他者，他者推翻了我，使我在原初的纯真中受到质疑。第二部作品着手对这个我进行考古，以发现已经被他异性所改变的我。在此书的第16页，他说道："无限并不以其转向邻人的命令作为信号而引起某一主体——那已然形成的统一体——之注意。通过以自身替代他人，主体在其存在之中解构本质。"

〔7〕 参见《旧约·士师记》，XIII，25，关于参孙的一段："在玛哈尼但，就是琐拉和以实陶中间，耶和华的灵才撼动他。"原文使用了动词pa'am（摇撼、冲撞，甚至还有心脏跳动的意思），它的名词形式是po'om（搏动、振动）；pa'am一词的意思是钟，词根是一样的（我要感谢Ariane Kalfa为我解释了这些词源学知识）。这里和之后的《圣经》引文都采用自Bibl. de la Pléiade, Paris, Gallimard, 1956。

在这突如其来的时刻，有着忍耐——一种作为时间长度的忍耐——以及一种等待，对这种忍耐的期待或等待的意向被压抑了。这是因为等待是有指向的，而忍耐等待着却又无所等待，忍耐是一种没有被等待者的等待，没有等待的意向的等待。一切有意向性的事物总是与思想相称（在 noèse 与 noème 之间存在着对应关系），每一个意向都是对……的意向，换句话说，都是意愿。而忍耐则不然，它吞没了自己的意向。

忍耐吞没了自己的意向；时间在延迟中得到了裁断。时间无限地听从、超越。没有等待的等待（时间本身）变成了对他人的责任。在这里，我们可以找到一种没有指向或景象的超越概念，一种不知道自己在看的观看。一种纯粹的忍耐，一种纯粹的承受，一种针对邻人的唤醒，一种变得亲近邻人的突然性。

同一与他者

1975 年 12 月 12 日星期五

159   从他者到这一个之间存在着一种关系（rapport），即使这是一种无关联的关系。不可还原为一个内容，或者作为无限的形式的他者，难道不能涉及我作为自我的同一性吗？虽然他悖论地包含比他所能相等的更多的内容。具体而言，这种或然性不是指知识，而是指与他人的关系，无论这种情结或关系的节点是什么。"涉及"（Concerner），在此是一个一般的术语，并不必然意味着"接触"（contact）。事实上，它可能比接触更强烈，因为它可能表示一种裂变、一种废黜。

因为在伦理、在对他人的责任中，我们谈论的是与他人的亲近，这种亲近无尽地萦绕着我，以至于质疑我的自在和自为。对我来说，我不仅仅是自我的单一概念。当我说我时，我并不是我这一
160   概念的特殊情况：说我就是要摆脱这一概念。[1] 在这个第一人称中，

---

[1] 在"摆脱这一概念"的我这一定义中，我似乎找到了列维纳斯受罗森茨威格启发的痕迹。我尤其想到了 1917 年著名的 Urzelle 一书中的几页，必须引用在此："一旦它（哲学）把一切都归于自身，并宣布了它的普遍存在，人就会突然发现，早已完成了哲学消化的他发现自己还在那里。他肯定不是作为一个手持胜利的棕榈叶的人……而是作为'我'，作为一个'尘土飞扬的我'。我，作为私人主体，作为名词和代词，作为尘土和灰烬，仍然在那里……我哲学起来：也就是说，我厚颜无耻地对占统治地位的普遍哲学进行哲学的筛选。哲学没有直接对我（尘土和灰烬）说什么，而只是通过手持棕榈叶的人这个中介：我，一个名词和代词，我应该保持沉默，（转下页）

我是一个人质，一个承担着所有他人的主体性，但又独一无二，不可能被取代，也不可能推卸责任，这比不可能逃脱死亡更为严重。正是在此基础上，我们可以思考那些被同一哲学归结为不完整或浪漫主义思想的概念的意义，这些概念确实是非构成性（non-con-cevants）概念。

由突然停顿构成的时间，在其中同一被他者唤醒，仿佛他者在敲打墙壁。在这种同中有异的情结中，存在着一种特殊的被动性：忍耐。忍耐是时间的长度，是时间的绵延。[2]"忍耐与时间的长度"[3]——这就是忍耐或时间的长度，作为时间长度的忍耐。忍耐 161

（接上页）非常简单；然而，就在此时，那个戴着胜利光环的人，也就是哲学曾让我尴尬不已的那个人，反过来被哲学羞辱了，而她（哲学）在一些不幸的理念面前完全退缩了，以便随后将这些理想吞没在绝对之中——然后，突然，我出现了，我，就像什么都没发生过一样，就像格拉贝（19 世纪剧作家）一样，我照亮了最后一幕的全部。得胜的不可说的个体（Individuum ineffabile triomphans）。令人惊讶的并不是他'可能做哲学'，而是他仍然存在，他仍然敢于呼吸，他'做'。"Noyau originaire de L'Êtoile de la Rédemption", trad. J.-L. Schlegel, *Cahiers de la nuit surveillee*, n°11, 1982, p. 101.

[2] 这种特殊的被动性就是《别于存在》中激动地说到的被动性：比任何被动性都更被动，等等。这既不等同于口令，也不等同于气息，恰恰相反，它的含义非常准确，足以成为名副其实的技术术语。就像此书第 111 页第 25 个注释（中译本第 213 页）所说的，"触觉所具有的被动性比海德格尔在讨论康德时所说到的根本接受性更加被动。在根本接受性中，先验想象力为主体提供了一个'无之洞穴'，以使主体可以先于被给予之物，并将之担当起来"。列维纳斯在此所涉及的显然是康德书（参见 *Kant et le problème de la métaphysique*, trad. R. Boehm et A. de Waelhens, Paris, Gallimard, 1953），这一规定具有决定性的意义，因为列维纳斯正是在思考一种不对其所经历的一切负责的被动性时，与西方思想（包括海德格尔）决裂的。如果不考虑到这一基本特征，就无法理解整个课程，以及《别于存在》和属于其表达方式的文本。

[3] 这一表述来自拉封丹的《寓言诗》第 II 部，第 11 篇寓言"狮子与老鼠"："忍耐与时间之长度/更强于力量与狂怒。"这些诗句的使用有列维纳斯对诗歌以及他所谓的"民族文学"的某种使用的特征。"民族文学"的奇妙之处之一是在我们的语言中铭刻了许多公式、语句和表达方式，它们具有特殊的权威性，只有谚语语言才能做到这一点，而谚语本身也被视为哲学家—作家的资源宝库。

不是等待，因为等待是意向性的，这种意向性指向它在等待中所等待的东西。正如所有的意向性一样，在等待中，所想的与来填补所想的之间是相称的。

等待被压抑在忍耐之中，它过于谦虚，不敢倾听，过于畏惧，因为它是一种畏惧的忍耐。而这种忍耐中确实有可畏惧之处，就像对宗教的畏惧一样，在宗教中我们最害怕的并不是惩罚。[4] 在 noèse 与 noème 之间完美的相关性中，意向性产生了一种令人沮丧的平行关系；在其忍耐中，时间无限地裁断或延迟。在这种无所等待的等待中，意向性转变或倒置为对他人的责任。因此，必须将时间与他者放在一起思考。[5]

时间意味着同一与他者之间的差异。这种差异是同一对他者的非-冷漠，在某种程度上也是同一在他者中的非-无动于衷。但"在其中"会破坏这种差异：如果同一可以包含他者，那么同一就战胜了他者。在这里，随着时间的推移，他者在同一之中而又在别处，这一"在别处"令同一不安。这里存在着一种不可逾越的差异，它162 缺乏共同的基础，实际上就是非-无动于衷的。对意向性而言，这是一种无法逾越的差异，因为意向性只知道如何将存在投入思想。

在纯粹的被动性、忍耐和责任感的影响下，在时间的异时性中，蕴含着一种思想，它超越了可以被思想的思想，超越了思想可

---

[4] "对上帝的畏惧"这一表述，首先指的并不是对惩罚的畏惧（就此而言它是对其自身的畏惧，同时包含了海德格尔的畏和怕），这一畏惧可以在作者80年代以来的诸多文本中找到，可以参见 "Du langage religieux et de la crainte de Dieu", *L'Au-delà du verset*, Paris, Minuit, 1982。

[5] 因此，有一本书（最初是一系列讲座）的书名就叫《时间与他者》，这不是没有道理的。这本书的思想可以在本卷的开篇课程中找到，但显然有所修改。关于这个并不算简单的问题，请参阅我在后记中提供的解释。

以思想的思想。这就是"现象"之所在，这就是"超越的现象"。[6]
这是向无限的超越，从对自己的邻人负责开始，在与他人的亲近
中，从字面上看，是一种没有景象甚至没有指向的意义。这是一种
无所期待的期待，它所转译或象征的不是一种有待填补的空虚，而
是一种比认识更多的思考：是无限的事物如何能在不失去其超越意
义的情况下进行表意的方式。

在当代欧洲思想中，这种先于知的意义的含义开始在哲学中出
现。毫无疑问，在海德格尔那里可以找到这种概念的可能性。但这
种可能性在他之前就已开始出现：从克尔凯郭尔开始，一定意义上
也可以说从费尔巴哈开始，在布伯、罗森茨威格、加布里埃尔·马
塞尔或让·瓦尔那里也有。[7] 在后四位所谓的对话型思想家那里，
并不能确定基础研究是否仅仅源于对道德的关注。

笛卡尔式的存在论也采用了无限的观念，认为同一是一个总
体性，它整合了每一个他者，因此，"在其中"意味着同一战胜了   *163*
他者，平等战胜了不平等，同一性战胜了同一性和差异性。它整合
了每一个他者，从而消除了任何可能超越总体性的东西，消除了一
切超越性。但是，笛卡尔教导的无限观念（一种置于我们之中的观
念）使在一个被动的主体中思考这种超越性成为可能。笛卡尔曾对

----

[6] "超越的现象"显然是对语言的滥用（在列维纳斯那里，这并不是贬义）。借
用列维纳斯一篇文章的标题——《与胡塞尔和海德格尔一起发现存在》——
超越是一个谜，而不是一种现象。并且，超越与现象性相对，尽管这一相对
又需要一种特定的现象学，用以描述其现象学境况。关于此，《论来到观念的
上帝》前言的开头几行写的非常好。超越需要一种现象学或反现象学，如同
我在即出的 *La présence abaissée. Essai sur le retrait* 的"神曲"那一章所要说
的，这一章主要讨论列维纳斯的神学。
[7] 除了费尔巴哈之外，这里提到的思想家列维纳斯都有专文论述。参见 *Noms
propres*, Montpellier, Fata Morgana, 1976, 以及同一家出版社1987年出版的
Hors sujet。

梅森说过:"我从未与无限打过交道,只是服从于它。"[8]

此处面对的问题是一种奇特的"置于我们之中"(mise en nous):将超越于度量之上的东西置于尺度和有限性之中,由此同一经受着却无法包容他者。这里有一种异质性(hétéronomie,或译他律),也可以称为感召(inspiration)*——我们甚至可以说是预言,它可不是某种天才,而是精神的灵性。这就是《阿摩司书》中诗句的意义:"至高的神已说话,谁不预言?"[9]——仿佛预言只是洗耳恭听的行为。

由此,自笛卡尔以来,与更多者、与无法包容者的关系就成为可思考的了,它并不因此少于思想的投入。这样,疑问的一种忍耐最终得以恢复。关于疑问,这是与无法回答的事物之间的关系。哲学倾向于在其中看到答案、占有或享受的剥夺,而这意味着无限。

问题并不是利用这一含义试图找到新的"上帝存在证明"——因为那将回到肯定性本身(西蒙娜·薇伊[Simone Weil]在此意义上说,上帝并不存在;这对她来说是不够的)。这里关涉的是他者在同一中的异质性,在这里,他者并不奴役同一,而是唤醒同一并使之清醒,这种清醒是一种比同一的思想更能思想的思想,这种清

164

────────────

〔8〕 1641年1月28日的信,参见 *Œuvres, et Lettres*, Paris, Gallimard, Bibl. de la Pléiade, p. 1111:"我通读了莫林斯先生的这本短书,它的主要缺点是处处论及无限,仿佛他的精神高于一切,它已经能够理解无限的特性,这也是所有人共同的缺点;我试图小心地避免这个缺点,因为我从来没有论及无限,除非是为了顺从它,而不是为了确定它是什么或它不是什么。"

〔9〕 Amos, III, 8.

* inspiration一词在列维纳斯的使用中一般表达的是他人对自我的激发,因此通行的列维纳斯中译著作一般将其翻译成"感召",但在后文中,列维纳斯会提到这个术语与其日常用法,尤其是诗人的"灵感"这层含义的关系,因此在相应的文本中译者也会将其翻译成灵感,还请读者注意。——译注

醒使得世界的天文学安宁不再安宁。莫里斯·布朗肖写道："我们有一种预感，灾难就是思想。"毫无疑问，他所表达的正是将不安作为一种关系的外在于神学关切的思想。这也就意味着，我们必须把灾难（désastre）理解为一种去－星体（dés-astre），即在星空下的世界的不存在。[10]

〔10〕 Maurice Blanchot, "Discours sur la patience", *Le Nouveau Commerce*, n°s 30-31, 1975, p. 21；构成了这部作品的片段以及大多数其他片段又都收录在 *L'Écriture du désastre*, Paris, Gallimard, 1980。

主体－客体的相关性

1975 年 12 月 19 日星期五

165 这里的重点是把超越的意义从同一到他者的运动方面加以思考。在此，含义的意义不仅在于同一在自身中的静止，在那里它得到了满足，还在于他者对同一的扰乱，他者唤醒了同一。无限的观念存在于思想之中，但"在其中"打破了同一性。"在其中"既表示内在性，也表示内在性的不可能性。[1]这种超出就是绵延，既是他者在同一中的发生（incidence），也是时间的不重合或异时性。这种时间模式并不意味着存在与虚无之间的中介，而是一种与思想所不能容纳的、不可包容（或无限）的事物的关系。它必须是在存在与虚无之外的思考，是一种"溢出"（trop-plein），是一种多扰乱少的模式——它赋予欲望或追寻（这将指向虚无）一种比被发现、被肯定和被证实的存在更好的意义。这种少中之多就是觉醒，或者说觉醒就是这少中之多的意义。这种非－安宁可以具体化为对他人的
166 责任、不可逃避的责任、不可替代的独特性。这种觉醒是伦理学的情结，或者说是对他人的亲近，它不是建立在星体固定性基础上的存在论的结果，用上节课我们引用过的布朗肖的话来说，它是灾难。

---

[1] 我们在此必须想到，在……之中已经具有了无限（infini）中的 in 的结构，既在有限之中，又作为非－有限，在限度之外。参见以下课程，以及《上帝与哲学》第 106 页及以下。

在这种他者冲击之下的自我的爆发中，难道没有异化的暴力吗？如果同一者的自足是可思和理性的终极意义，那么答案就是肯定的。但是，他者是作为一种创伤介入的，这是其特别的方式。因此，在表征存在的本质之前，主体性难道没有诉说其不可思的觉醒，难道没有在觉醒的创伤中显示其不可思的觉醒吗？觉醒，随之沉入存在之中，变得麻木、肥胖、布尔乔亚，沉湎于同一的不知疲倦的无聊之中；这觉醒，在觉醒的状态中休息。由此，主体性就必须被视为觉醒中的觉醒，被视为这种觉醒之觉醒。这将是预言，不是在天才的意义上，而是他者对这一个的唤醒。[2]

但问题随之而来。当主体性不能还原为意向性主体，而是通过唤醒的方式说出比存在更伟大的意义，即善本身时，与客体相关的主体是如何被客体所吸收的？既然主体性说的是一种例外的无条件性：非地位、非条件（人质的无条件），以及作为无条件的、不可追溯的、不可避免的无条件？因此，我们今天面临着主客体相关性 *167* 的问题。[3]

我们需要回顾一下，存在如何在客观方面引领自己，它吸收了与客体相关的主体，并在其姿态的真实性中战胜了主体的首要地位，以及主体与客体之间的相关性。人能够思考存在，这意味着存

---

[2]　我们可以看到，主体性是《别于存在》以及同时代的文本思考的决定性词语和概念，而本课程就是其中之一。在这一意义上，请注意《别于存在》中第9页的这些话："别于存在！问题在于去表明某种命运——那在本质中统治着一切的命运——的打破：本质的种种片段与各种样态，尽管各不相同，却相互属于，这也就是说，没有逃脱同一秩序，或没有逃脱唯一秩序。……问题在于设想从本质中超脱的可能性。……于是就有必要表明，异于存在者——非存在之外——这一例外表示着主体性或人性，表示着拒绝被本质吞并的自己。"

[3]　要弄清楚这一问题，可参见《别于存在》的第5章中"表示与对象性关系"的第一段（pp. 167-178）。

在的显现[4]属于存在本身，或者说现象性（phénomenalité）是本质的，而存在离不开意识，意识是存在的显现。但是，如果本质与显现是并存的，如果本质（作为显现的存在的姿态）是真之真实，那么它就绝不会以任何一种属性的形式在物性（quiddité）的显现中被刻写出来。真之真实，它的揭示以及这种揭示的赤裸裸，不是一种属性，也不是存在所能接受的。如果某种东西来自意识，那也只是一种伪装。这种裸露必须属于存在作为存在的进程或游戏。在某种程度上，客观性保护了存在的展开，使其免受任何可能扰乱本质进程的东西的影响。作为一种存在方式，它意味着显现之物与自身显现之间的无差异。

在真理之中的本质是我们哲学传统的永久前提。存在的本质（esse），通过它，存在者成其为存在者，是思想之事，并存在于同一之中。对发生在存在之外的思想漠不关心即来源于此，同时，源于此的还有存在的贫乏，存在被束缚于自身之外的他者之上，在一个被要求接受显现的主体之上，这种接受性对存在的进程是必要的。正是在这个意义上，存在才具有有限性。[5]

但是，在这种接收或接受的功能之外，意识以自己为目的玩的任何游戏，在存在之外自娱自乐的任何时候，都只能是一种遮蔽，一种对存在本质的遮蔽，一种谎言或意识形态。其地位很难得到明确的界定：在《斐多》中，是死亡终结了一切意识形态，让存在光

---

〔4〕 显现（apparoir）在作者这一阶段的著作中，有一种技术性术语的功能，它可以等于表现（manifestation），列维纳斯十分欣赏米歇尔·亨利在思考显现的本质时所使用的方式；参见第二门课程"存在与意义"这一讲的注释〔4〕。

〔5〕 这是一句典型的海德格尔式的表述，参见 1969 年海德格尔在 Thor 的研讨班，见 Questions IV, pp. 305-306。尤其是这一句，"存在，为了敞开自身，需要有人在此作为其显现"。

彩照人地显现出来。[6]

谎言和意识形态既可以被解释为存在的有限性的纯粹效果，也可以被解释为诡计的效果。但我们必须进一步分析。真理的揭示不能只用光学术语来表述。如果显示自身的存在者的可见性不是作为其可见性的属性而被铭刻的话，那么，它们的共在，它们相互之间的位置，它们相互之间显示自身的相对性，意义的组合——或结构，或系统——才是可理解性和揭示本身。总体性的可理解性或系统结构使总体性得以显现，并保护其免受来自凝视的任何改变。但是，阴影遮蔽了在它们所涉及的关系之外的项；它遮盖了在包围它们的系统之外出其不意的结构。

结构是一种可理解性，是一种含义，其术语本身并无意义，除非语言赋予它们身份。但在这种关系中，它们获得了一种优雅、透明和轻盈，而一旦脱离这种关系，它们就会变得沉重，被遮蔽。因此，我们可以把在主题化过程中分离出来的可理解性与系统本身的可理解性区别开来。在从主题化到可理解性的过程中，我们还可以分辨出某种犹豫，即犹豫这些结构结合在一起的机会是好是坏。主体性可以还原为这种好机会。因此，主体性完全从属于结构的安排，它是理性的理论意识——我们称之为精神。可理解性与表现一样，意味着将各存在者安排成一个充满意义的系统。

当下就是当代性（contemporanéité）本身，而存在的显现就是永恒的表象。因此，主体本质上是一种主动意义上的表象力量。它通过滞留和前摄，将时间重新整合到当下：看似消失的东西被保留了下来；时间被主体保留了下来。主体在分散的时间中行动。孤立

---

[6]　尤其可参见68b："他难道不会高高兴兴地开始这一旅程？我的朋友啊，如果这人是真的热爱智慧的话，必须这样认为才行。毕竟，他会坚定地认为，唯有在那个地方才会遇到纯粹的智慧。"

的结构无法展示自身，也不会因其渺小而变得模糊不清。因此，主体性的介入将分散的元素重新组合在一起；主体的这种自发性是展现所需要的，以便将分散的东西聚集在一起，这也是意向不再盲目的时刻。因此，正是因为在将各种元素聚集成结构的过程中会遇到危险、延误和犹豫，因为好运或厄运都会发生，因为这样存在才是有限的，主体的自发性才会介入，将非同时性的东西聚集在一起（用海德格尔的话说，就是sammelt），从而创造出景象。主体的自发性将不同的事物聚集成一个可理解的结构，从而产生了光。

思考的主体被引导去寻求这种可理解性的安排，尽管它具有自发性，但却被解释为存在为了真正显现而必须走的弯路。正因为如此，可理解性对存在而言是内在的。这种吸纳本质所依赖的主体的可能性，正是本己的本质。如此这般理解的话，主体性就是臣服于存在，在存在面前消失。

主体性问题

让我们再次讨论这个问题：是否有可能在存在论神学之外，在 *170*
其对存在的参照之外思考上帝？为了阐明这个问题，我们将寻找不
同于意向性的多种形式的思想，也就是说，由超越意向性的事物所
激发的思维形式。而康德的思想就是超越知的思维形式，代表着一
种被无法容纳的东西所唤醒的主体性。[1]

但是，我们仍然必须回到对主体性的描述，即主体性沉浸于它
所思考的存在或客体之中，并最终在存在的基础上理解自身。我们
忽视了一个事实：存在是可以在其显现中、在其存在进程本质性的
现象性中被思考的，[2]尽管可思考、现象存在、显现自身这一事实并
不刻印在显现的存在者的任何属性中，也不以任何方式来自主体。

这种超越其显现的存在的无差别，使我们能够谈论不同于主
体有限性的存在的有限性。但我们也可以在另一种意义上谈论有 *171*
限性，即通过参照存在思考一种知，这种知总是少于存在，一种概
念上的知，是对个体的反动。只有通过死亡才有存在的概念。在这
里，主体又一次在存在的接受性和知识中被耗尽了，意识为自己所

---

〔1〕 关于康德，参看下一节课，以及第一门课程1976年2月的内容。
〔2〕 因此，在黑格尔那里，存在包含了一个其存在进程必需的主体，以至于精神
需要现象学来成其自身：作为绝对自身认识的主体的实体。（这个注释是本课
程自身的说明）

玩的任何游戏都是意识形态的遮蔽。

但是，显现也意味着被揭示的结构的项的可理解性；鉴于一个项指涉其他项，也就是说，它们构成了一个系统，在这个系统中，意义取决于每个术语在其中的位置（这也是为什么意义就是结构），这种可理解性是自相矛盾的，因为每个项本身是没有意义的，它们从彼此的联结中获得意义。在这些组合中，可能会出现犹豫的情况，这时就需要主体将相互寻求的项联系起来。因此，主体就是这种犹豫或发明。他会认为自己发明了什么，但他所做的只是让事物更好地组合在一起，他所做的只是让系统更好地组合在一起。在这里，主体完全是从客体或存在的关系来思考的。

被要求去寻求这种可理解的组合的思维主体，尽管具有自发性，却被解释为存在的行为、存在的本质为了显现为真理而走的弯路。可理解性或含义是存在领域的一部分。一切都在同一边——在存在的一边——而这种吸收主体的可能性正是存在领域或本质所托付的，也正是本质的意义所在。主体性在存在面前被抹除，并从属于存在。它让存在存在，正如海德格尔所言，它是Seinlassen（让存在），[3]只要它是在所说之中含义结构的聚集，也即综合（synopsie）的巨大在场，在其中，存在在其光亮中熠熠生辉。因此，无论主体处于何种从属地位，它都在存在链条中扮演着角色；只要它参与了存在的事件，主体也就显现了自身：存在着意识的自我意识。主体性通过揭示揭示了自身。主体性向其自身显现——因而显现了自身作为人类科学的客体（用黑格尔的术语来说，我们可以说，终有一死的自我将自身概念化了）。然而，作为与显现自身的存在不同的他者，作为与显现不同者，主体性什么也不是。尽管，或者说由于其有限性，存在

172

---

〔3〕 这个词的含义要从海德格尔转向之后对其使用来理解。

将显现自身，就像希腊可见的诸神一样。[4]尽管有限，但它有一个包罗万象、无所不包的本质。主体的真理在于它的真实性；主体性除了在存在面前的消解、除了表－象的工作之外，别无其他意义。

但是，如果我们坚持向他人传达显现的本质，主体难道没有另一种意义吗？[5]如果我们把言说视为纯粹的信息，视为内容或所说的简单传递（就像盎格鲁－撒克逊分析哲学那样，在那里语言不需要训诂和阐释），那么这个问题就根本不会出现。对他人的显现和人与人之间对存在的理解，可以被解释为在这种显现和存在链条中发挥着作用：因此，言说是显现的条件。信息是存在为其有限性付出的代价。交流将完全指涉存在的展示，或者说，交流将不会回到其自身的任何意义，这种意义由主体从独立于它所服务的真理产生。一门科学将能够在其本质的各个层面对存在进行总体化。交流将是存在的事件，其中，存在的所谓主观表象将会发生。在这里，言说在所说中保持沉默，仿佛无人说话。

我们还可以设想第三种可能性，即所说先于交流。在海德格尔那里，存在是有意义的，即以一种无声的、非人类的语言显现出来：这就是著名的"语言（或言语）说话"（Die Sprache spricht）的含义。[6]在存在的统治中，存在就是语言，[7]而且是无声的语言，或者说是沉默的声音，Läute der Stille（这样，海德格尔在不知情的情况下就将希腊人犹太化了[8]）。诗人听到的就是这种沉默的声音，

---

〔4〕 参见 P. Aubenque, *Le Problème de l'être chez Aristote*, pp. 335 *sq*。

〔5〕 "交流的本质并不是一种表现的本质的样式。"（《别于存在》，第62页，注34）

〔6〕 参见 Heidegger, *Unterwegs zur Sprache* (1959), trad. F. Fédier, *Acheminement vers la parole*, Paris, Gallimard, 1976, p. 16。

〔7〕 参见 *Lettre sur L'humanisme* (citée p. 139, n. 1)。

〔8〕 列维纳斯在说这番话时，引用了《列王纪上》，XIX, 11-13："那时耶和华从那里经过，在他面前有烈风大作，崩山碎石，耶和华却不在风中。（转下页）

他将其转换为人类的语言。在诗中让存在回响，就是让所说回响。λέγειν，即λόγος的意义，将是聚集。[9] 含义、可理解性和精神寓于在场的显现和综合之中，因此，任何异时性都被排除在外。意义被认为是启示，是存在的显现。这样，主体的心灵现象就包含了它的同时化、它的表象，由于这种天赋，一切都不在其外。心灵现象就将是排除了创伤的意识——存在恰好成了这样一种东西，它在打击面前显现自身，或者打击也只是为了显现自身，随后以知来解决打击它的强力。[10]

174   在这里，一个人对他人负责的情形，哲学所熟悉的、但被视为其衍生物的伦理关系，以及我们习惯于建立在存在论基础上的关系，将被视为不可还原的、结构化地为了他人的关系，以及在体系的有限性和理性之外的意义。乍看之下，这种责任似乎是自相矛盾的：我的任何当下都无法包含他者，当下所做的任何承诺都不是这种责任的反面。但是，同一对他者的义务中并不包含奴役。这里的奴役少到责任要求自我的独特性：没有任何人可以取代我。

（接上页）风后地震，耶和华却不在其中。地震后有火，耶和华也不在火中。火后有微小的声音。以利亚听见，就用外衣蒙上脸，出来站在洞口。有声音向他说，以利亚啊，你在这里作什么。"关于海德格尔对希腊人的解读可能受到的《圣经》影响，请参阅以下著作 Marlène Zarader, *La Dette impensée. Heidegger et l'héritage hébraïque*, Paris, Le Seuil, 1990。

[9] 参见 *Der Satz vom Grund* (1957), trad. A. Préau, *Le Principe de raison*, Paris, Gallimard, 1957, p. 232: "Λέγειν意指聚集，把一个和他者弄到一起。"

[10] 正是在这个意义上，存在获得了一种接受性，而不是列维纳斯所寻求的特殊的被动性。可参见《论来到观念的上帝》第142页的一段话："我们西方的被动性是一种接受性，其后紧跟着的是承担。"

康德与先验理想

1976年1月16日星期五

我们在这里寻求的是在没有存在论帮助的情况下对上帝的思考，也就是说，我们寻求的是一种与哲学传统相反的思考方式，在哲学传统中，上帝被理解为卓越的存在，最高的存在，上帝的观念从其合乎理性的知识规则中获得哲学意义。然而，康德的《纯粹理性批判》标志着存在论神学的上帝概念"终结的开始"。这一作品对所有超越被给予的思想进行了批判；对康德来说，被给予仍然是存的典范；思维就是把直观归结为概念，而没有直观的概念只能导致歧途。"无感性则不会有对象给予我们，无知性则没有对象被思维。思维无内容是空的，直观无概念是盲的。"[1]"先验逻辑"导言如此说道。

但更重要的是，康德承认存在着以必然性强加于思维的理性观念，存在着言说存在并为理性所必需的思想，但这些思想并不与存在相联系。康德在《纯粹理性批判》中，尤其是在"先验辩证论"中发现，不陷入任意并满足了理性需要的思想，可能并不通向存在这一事实。这是一些先验理念，它们"关注一切条件的无条件的普遍统一性"，并以"经验知识的多样性的综合统一性"为目标。这

_175_

_176_

---

[1] *Critique de la Raison pure*, trad. citée, p. 77.中译本参见康德：《康德三大批判合集上》，邓晓芒译，北京：人民出版社，2009年，第48页。下同。

就是灵魂学说（"思维主体的绝对统一"）、宇宙学说（"现象的诸条件系列的绝对统一"）和上帝知识（"思维的所有一般对象之条件的绝对统一"）。[2]

超越了被给予，没有直观对应的这些理念会导致理性的不正当或辩证的使用，但也有可能很好地利用它们："纯粹理性的诸理念就其自身而言绝不再可能是辩证的了，相反，唯有对它们的单纯误用才必然使得某种欺骗我们的幻象从它们中产生出来；因为它们是由我们理性的本性向我们提出的任务，而我们思辨的一切权利和要求的这个至上法庭本身不可能包含原始的欺骗和幻觉。所以它们大概会在我们理性的自然素质中具有自己良好的合乎目的的使命。"[3]

对这些理念的良好使用是它们的调节性使用，在这种使用中，它们的功能不是决定存在——在这里，它们不应该导向存在——而是指导和引导知性的工作："既然我们能够指出，虽然这三种理念（心理学的、宇宙论的和神学的）并不直接地与任何与之相应的对象及其规定发生关系，然而理性的经验性运用的一切规则在这样一个理念中的对象的前提下都能通往系统的统一性并随时扩展经验知识，但永远不能与经验知识相冲突，那么，按照这一理念来运作就是理性的一个必要的准则。"[4]

不论如何，在康德的思想中，在对上帝概念的确定中，有一个向着存在论神学的回归。在经验的基础上，上帝被当作实在性的全体而提出。康德把实在的所有可能谓词的集合称为先验理想。之所以需要它，不是因为需要一个原因，而是因为事物的个体性及其确定性，赋予了事物存在的权利。为了彻底确定一个事物，为了在其

---

〔2〕　中译本第247页。
〔3〕　中译本第456页。
〔4〕　中译本第457—458页。

个体性上确定它，"通过这个命题不仅仅是各个谓词相互间被从逻辑上加以比较，而且是物本身与一切可能谓词的总和被先验地加以比较"。[5] 每个事物都必须相对于这个理想来确定，这就是因果序列的理想关系。被确定的事物之所以被确定，是因为它否定了其他一切，同时又向往整体。在个体身上存在着一种张力，它既与整体相撕裂，又向往着整体。这个整体或理想不是在直观中给出的，但它构成了理性所必需的理念；它既是具体的，也是个体的；它作为存在物的总体，是具体性和个体性的最高形式。它不是一个物（恰恰相反，所有物都以它为前提），但它又是一个存在的事物。康德将它与上帝等同。[6] 这与西方思想是一致的，在西方思想中，存在的总体性被思考为是一种存在者，尽管康德与众不同地断言，这种具体的至高无上者、这种个体的存在是无法证明的："我们对一个具有如此出类拔萃的优势的存在者之实存依然完全无知。"[7] 因此，先验理想的存在是无法通过思辨（理论思考）来证明的，但康德保留了概念的终极意义在于其存在的理念；除了存在的标准之外，他不承认任何可思之物的标准。

　　这里的重点不是将存在的概念扩展到事物之外，而是提出一些激进的问题：人难道不是异于存在的东西吗？存在是人最感兴趣的东西吗？存在是意义的意义本身吗？这些问题不仅是向康德提出

〔5〕　中译本第400页。

〔6〕　中译本第405页："现在，如果我们通过把这个理念实体化而跟随我们这个理念到更远的地方，那么我们就可以通过这个最高实在性的单纯概念而把原始存在者规定为一个唯一的、单纯的、完全充足的、永恒的等等的存在者，一句话，在其无条件的完备性中通过所有的云谓关系对它加以规定。一个这样的存在者的概念在先验的理解中来思考，就是关于上帝的概念，所以纯粹理性的理想就是某种先验神学的对象，正如我们在前面已经提到过的那样。"

〔7〕　中译本第380页。

的，也是向所有流传至今的哲学提出的。这些问题的基础，是我们必须在"为他人"之中寻求意义。在意义的亲近中，不是所说的交流，而是作为言说的意义。理性的可理解性，并不原始地存在于所说的语言中，不存在于内容的交流中，而是存在于言说本身中，存在于给邻人的话语中，这是一种责任的情结。

对西方哲学而言，问题不在于对待他人的方式，而在于交流所交流的内容。含义是在存在不在场的情况下表象存在的一种方式；存在不在场，但由于与存在的关系，含义才是有意义的：存在是一种暗示。这样，含义就可以通过被给予的显现来完成。在这里，我们所要寻找的是一种先于并且独立于一切内容和一切内容的交流的意义，这种意义可以通过"言说"一词固定为向他人言说，为他人言说。我们需要思考的这个"为"，具有不同于存在论主题化层面的意义。它从中引出了一种无－身份（non-statut），意味着与基础的理性的决裂。

作为言说的含义

1976年1月23日星期五

在"为他人"（l'un-pour-l'autre）这一表述中，"为"并没有简 化为一个所说对另一个所说的参照，或者一种主题化对另一种主题化的参照。那样的话，它就只能停留在所说的意义上。但我们要寻找的是言说的含义。

"为"是人们接近邻人的方式，是与他人建立关系的方式，这种关系不再是一个人的尺度。这是一种接近关系，其中涉及一个人对另一个人的责任。在这种关系中，存在着一种无法被主题化的可理解性，这种关系本身就有意义，而不是通过主题或主题化的效果，这意味着，至少在这里，可理解性和合理性原本并不属于存在。在一个与另一个的关系中，一种关系被铭刻，它不再允许在基础理性的背景下思考自身。[1]

在意义与责任的"为他人"中，存在着一种主体性。这一主体在其同一性中是独特的，无法从外部加以区分，它不由属性或谓词来定义，而是由被传唤中的同一性，有着负责任的、不可替代的同一性所定义。邻人正是被托付给他的，而他的同一性则是由对这

----

[1] 这也是列维纳斯与海德格尔相接近的点之一：与基础思维的决裂；这在前者那里至少与在后者那里一样激进，对后者的评论如此执着而冗长。然而，值得我们注意的是，当列维纳斯与基础思维决裂时，他所追求的仍然是另一种合理性。

 179

180

 157

一责任的不可逃避所构成。如同海德格尔那里对死亡的不可逃避一样，死亡永远是我要经历的死亡，没有人能代替我死，就像我不能代替别人死一样。[2]

但在这里，不可逃避的不是面对我的死亡，不是面对我的存在及其终结。它不是对死亡的态度；它是对主体独特性的加剧和超越，不是在场的过度，而是被动的过度，比任何被动性都更加被动，是个体为了他人的超越。这并不意味着意向性，也不意味着对他人负责的自我的所有权；恰恰相反，正是作为责任和在责任中，自我才获得了其独特性。

即使在第一人称中，自我也是一个概念。在责任的情结中，一切都发生了，就好像我从自我的概念中解脱出来，成为独一无二的我。这种独特性就是人质的独特性，任何人都无法取代他的位置，除非将这种责任转化为戏剧舞台上的角色。这样，这种无条件的责任就可以由主体来选择，他就可以保持自己的矜持，内心生活的所有庇护都将得到拯救。另一方面，在这里，主体性，即心理，是被动地为他人构建的，是为了他人的。我的自我姿态是为了他人，即我为他人的赎罪（因为在责任中没有补偿）。因此，主体就这样失去了位置；如果没有这种失去，我始终是一个点，而且是一个牢固的点：在这里，最后剩下的那个点也被去掉了。

我为人人并不是一种介入型主体性（subjectivité engagée）的境况。尽管此在是实际性的并且向来在此，[3]但介入始终以理论意识为前提。在介入中，意识有可能在所能假设的范围内承担一切被动的

---

〔2〕　参见第一门课程"死亡与此在的总体性"一讲的内容与注释。

〔3〕　在列维纳斯的第一部哲学著作《论逃逸》中，他已经试图在"恶心"的基础上找到一种实际性，这种实际性打破了海德格尔的概念，因为它不会立即变回一种筹划。参见 De l'évasion, Montpellier, Fata Morgana, 1982, pp. 21 sq。

东西。这就是萨特自由思想的关键，在萨特那里，我们甚至必须承担我们未曾选择的东西，从出生开始人们就选择了他们的一切。在这里，接受（susception）被一个筹划所掌握，在一种意向性的思之中，它知道如何环顾四周。[4]

在一人对他人的接受中，没有介入，也无须偿还债务。因为从一开始，我就无法清偿。我原初即是有欠缺的。我，或者说作为责任者的我，被剥离出来，暴露于情感之中，比任何开放都更加开放，也就是说，不是向始终是意识范围内的世界开放，而是向它所不包含的他者开放。在这一责任中，自我并没有确立自身，而是失去了自己的位置，它被放逐了，或者发现自己被放逐了。对他人的替代就像流放和放逐的踪迹。他只在自己的皮肤中找到自我，但皮肤不再是保护——它是一种没有保护的展示方式。[5]"流放"、"放逐"或"交付自身"等动词所表达或暗示的正是这种被动性。在此有一种撕裂，一种过度的撕裂。当西蒙娜·薇伊写下这些话语之时，她精准地把握了这一暴力："父亲……从我身上剥夺这肉体和灵魂……把这些变成你的东西，让我身上永恒地只留下这一剥夺本身。"[6]

182

---

〔4〕 正如萨特所谓"真正的犹太人"，根据他的 *Réflexions sur la question juive*（Paris, Gallimard, 1946）中的论点，他可以也必须选择规定了他的环境。这一次，与诞生相伴随而为列维纳斯所寻求的，从哲学上讲，是"创造性"的概念，是一种没有任何担当的被动性："主体的'创造性'不能成为创造物的表象"。参见 *Humanisme de l'autre homme*, Montpellier, Fata Morgana, 1972, p. 108, n. 17。

〔5〕 这可以用《别于存在》中对感性的理解方式来解释，它是对《总体与无限》中感性概念的理解方式的真正颠覆。关于这一点，可参见 Silvano Petrosino, *La Vérité nomade*, Paris, La Découverte, 1984, pp. 44-48。

〔6〕 *Attente de Dieu*, Paris, Gallimard, 1950, p. 205；引自 *Autrement qu'être*, p. 176, note。

伦理学的主体性

1976年1月30日星期五

183 这种存在论神学坚持将上帝视为存在者，并在这种卓越或至高无上的存在者的基础上思考存在。海德格尔式的批评对这种误解存在的方式进行了批判，认为我们最终必须脱离存在者来思考存在，而不是像整个形而上学所做的那样，从存在者出发来思考存在，并仅仅将其作为存在者的存在。[1]这里所进行的研究也是从对存在论神学的批判出发，但它试图在不涉及与上帝的关系中的存在或存在者的情况下来思考上帝。它试图将上帝视为超越存在的东西。[2]

存在之为存在是一个阴谋，所有意义都被悬置其中。存在主宰着一切；它不仅是其所是，而且发生着（west）——正如海德格尔命题中的世界不仅是其所是，而且主宰着一切：世界世界化（Die
184 Welt weltet）。[3]存在的知，在其中存在显现自身，本身就属于存在的进程，属于它的姿态，属于这出戏剧或情结。在黑格尔看来，存

---

[1] 这里介绍的是讲座《时间与存在》中的基本思想，即尽管存在始终是存在者的存在，但它还是必须被设想成无须存在者，而不是将存在者视为唯一的基础。参见 *Zeit und Sein*, 1962, trad. F. Fédier, "Temps et être", *Questions IV*, *op. cit*。

[2] "但听见一个未被存在所污染的上帝乃是一种人性的可能，其重要性与不确定性并不比将存在从其遗忘——据说，在形而上学和存在论神学中，存在已经被遗忘——中带出来要小。"这是《别于存在》引言中的一段话（第X页）。

[3] 参见 *Vorträge und Aufsätze* (1954), trad. A. Préau, *Essais et Conférences*, Paris, Gallimard, 1969, p. 214。

在对意识的显现是存在展开的瞬间，黑格尔称之为逻辑学："成为思辨的逻辑学，取代了形而上学，被视为一门独立的科学。"[4]

然而，思想史显示了知识与存在之间的分裂。这就是为什么在黑格尔那里有一个从意识到精神的发展过程，而精神最终才通向知识。在海德格尔看来，存在的显现是通过遗忘、遮蔽和隐藏来实现的——而这种游离（errance）（即存在的显现）不仅涉及哲学史，而且涉及历史本身。正是在这个意义上，我们可以发现海德格尔的历史思想与马克思的历史哲学之间存在着某种亲缘关系。[5]

哲学的理论性特征使得存在问题不可避免。存在是知识的相关物。知识被存在所引起，并是其具体的显现。人们不禁要问，这种显现，在其中所有的含义都拥有存在论事件的形式，是否穷尽了含义的所有含义，是否所有事物都被这一形式所穷尽？是否在这一事件中，没有任何其他事情发生？如果我们能够肯定地回答这些问题，我们或许就能从超越这一形式的东西中推导出理论本身。正是在这里，我为人人中发生的意义问题找到了自己的位置，并有可能提供其他的可理解性模式。

与他人的关系是一种永无休止的关系，是一种无差别的差异，它超越了一切义务，不能被吸收为可以偿还的债务。这种关系中的可理解性并不是理论知识，并不意味着一种主题的主题化，它暗指的意义并不依赖于可以用共时性来概括的揭示。在面对面的情况下，没有第三方可以将我与他者之间发生的事情主题化。

在异时性关系中，我是为着他人的：我为他人服务。换句话

185

───────

〔4〕 Hegel, *Encyclopédie des sciences philosophiques*, trad. B. Bourgeois, Paris, Vrin, 1970, p. 191.

〔5〕 关于马克思与海德格尔可以被共同思考及其差别，可以参考 K. Axelos, *Einführung in ein Künftiges Denken*, Tübingen, Niemeyer, 1966。

说，与他人的责任关系被指示为言说。在任何传递信息或内容的语言之前，在作为所说的语言之前，言说就是承担义务，没有人能够替代我，它剥光了主体，使其沦为被动的人质。在言说中，我的出现方式是一种出庭：我将自己置于被告的位置，作为被指控者，这意味着我失去了所有位置。在这个意义上，我无法被确立，而是被废黜、被替代，为他人甚至为他人的过错而受苦和赎罪，以至于为自身赎罪。这绝不是一种自我反思的行为：这是一种甚至与行动都不对立的被动性，因为它超越了被动性，而被动性只是行动的翻转。

被传讯，被置于被告的位置的自我不是普遍性的特殊情况，不是自我概念的特殊情况；它是第一人称，即首先放弃自己的位置。只要我们谈到主体，这个主体在某种程度上确实是普遍的。但是，在含义中，我是独一无二的，我的独特性在于我不可能回避它。只有通过言说，自我才能在其赤裸中返回自身，在其同一性之内自身替代，从而显现其自身的独特性。这样，主体在向其所等同的世界敞开时，就无法与先验主体同化。言说不存在于意识或介入之中，也不与言说对象产生联系。它是一种彻底暴露自我的方式，一种无限地暴露自我的方式。

186　　作为人质的主体没有开端，它在全部的当下之中。这就是为什么记忆无法使主体性共时。它可以退回到一个从未出现过的过去，一个无法追忆的过去，这就是他人的前-原初情感（l'affection pré-originelle）。[6]这种主体性牵涉进近邻的情结，是一种接近邻人的方式。这是一种自相矛盾的做法，因为随着它的临近，距离却拉大了；而距离越近，距离也越远。但这一悖论将无限（l'Infini）的荣耀铭刻在通常被称为交互主体性的关系中。从这种关系中，无限的光辉冉冉升起。

---

〔6〕　通过这些论述，我们认识到列维纳斯思想的一个新的关键点。关于这一点的讨论，请参阅之前的课程"死亡与时间"。

162

超越，偶像崇拜和世俗化

1976年2月6日星期五

这里的目的是描述思维方式，这些思维方式不仅仅包含思想，而且应该能够恰当地思考超越（transcendance）一词的含义。伦理学必须使这项研究成为可能，具体地成为可能。现在，作为超越的一种方式而提出的伦理学，可以在神圣的世俗化的基础上进行思考。[1]

超越意味着跨越（trans）和上升（scando）的运动；从这个意义上说，它意味着通过提升、通过水平面的改变来跨越鸿沟的双重努力；因此，在任何隐喻之前，都应先从地点的改变来思考这个词。在向上运动受限于山顶线的时代，天体是无形的，星体是固定的或遵循封闭的轨迹。天空引来了一种目光，不是已经瞄准的、源于需要并导致对事物的追逐的目光；天空需要一双净化了所有贪婪的眼睛，一双不是猎人的、狡猾的、等待捕猎的眼睛。由此，望向天空的眼睛在某种程度上与承载着它的身体分离开来；在这种分

187

188

---

[1] 列维纳斯不是一个宗教的（sacré）思想家。相反，他将这一概念与神圣（saint）对立起来，例如，在他1977年在巴黎午夜出版社出版的塔木德五讲中的第二讲，其标题就是《从祝圣到圣人》（Du sacré au saint）。希伯来语中的神圣一词是"kadosh"，其词源意义是"分离者"。因此，上帝之名的铭文本身就是差异的源始书写。值得注意的是，我们可以将列维纳斯解读为一位世俗化的思想家，他希望抓住某一个上帝（世界背后的世界的居住者）的死亡为思想提供的机会。在这方面，他的思想与让-吕克·马里翁（Jean-Luc Marion）的问题从根本上来说相去不远，比如马里翁的 L'Idole et la Distance（Paris, Grasset, 1976），以及 Dieu sans l'être（Paris, Fayard, 1982）。

离中，眼睛与手的共谋被解除了，这种共谋比知与行的区别更为古老。当目光升向天空时，它遇到了不可触及的东西：神圣之物（在成为禁忌之前，不可触及是不可能性的一种说法）。目光所跨越的距离就是超越。目光不是攀登，而是敬畏。因此也是惊叹和崇拜。在一个封闭的空间里，高度的非凡突破令人惊叹。因此，高度具有了高人一等的尊严，变得神圣。从这种由视觉跨越的空间超越中，诞生了偶像崇拜。

与贪欲（epithemiticon）的躁动不同，与眼睛预知手势向着目标的运动不同，天空保障了大地的平静安宁。这种安宁统治着，一种先于任何誓言的效忠向着君主权威上升，这便是宗教。[2] 规范性推崇规范的权威和等级制度的卓越性，推崇永远确立的秩序，这种秩序排斥任何商业和新奇事物，没有陌生人能够打扰。

亚里士多德将"对事物本来面目的惊奇"[3] 解释为对无知本身的认识，从而将其解释为哲学的起源，使知识源于对知识的热爱。在这样做的时候，他否认了知识来源于生活中的实际困难，来源于人们之间相互交往的困难。知识的起源不在于需要，而在于知识本身。然而，在它引起的惊奇或惊讶中，在对它的惊奇的崇拜中，天文学静止的统治难道不是一种知道自己期待知识的无知，难道不是走向理性主义的第一步吗？难道这种早于所有誓言的宗教不比所有历史更悠久，不就是同一者的可知性的秘密吗？难道它不是一个其同一性仍未可知的秘密，一个同一性的统治在其中十分必要的判断综合吗？

西方知识由此难道不就是偶像崇拜的世俗化吗？在偶像崇拜这

---

〔2〕　回顾re-ligio一词的词源。

〔3〕　*Métaphysique*, A, 2, 983a 13.

种超越的超凡脱俗的断裂中，天穹之下大地的静止预示着同一的统治。惊奇是对知的承认，而无知则是对知的怀疑，惊奇也包含了对同一事物的辨认。这是包含了合理性的理性的诞生，也是汇聚了多样性的理解的诞生。思想的诞生是以缩小为代价的，它将人的身体的总量汇聚于一点，身体由此不再投下阴影。这一切的发生，就好像眼睛不再在其眼眶的空腔中占有一席之地，而是成为概念的统一体，被置于这一概念所包含的空间中。

我们不会怀疑，偶像崇拜的终结是否意味着另一种超越性，是否在这种世俗化中找不到社会的位置。沉思从其神圣意义转向其字面意义，即知识和直觉；我们从崇拜转向哲学，从偶像崇拜转向天文学，转向理性和无神论。在天文学的凝视中，存在的内在性姿态和存在的统治或王国在其中展开。安宁或实证性，伴随着知，在主题的平面上铺展开来，是对高度和存在的漠视，是商店橱窗式的展示。存在，作为重新在场的存在，作为静止的行为的存在，以同一化的形式存在。存在作为存在的降临，就在其同一化之中，因其可知性而成为其存在，从而以存在论的方式存在。对存在之为存在的强调就是存在论。偶像崇拜的超越性在知识中显现了出来，它为知识带来了理论的宁静。在一个静止的世界中，这种偶像崇拜的超越性是一种本身并非基于经验的状态。在存在的姿态中，过去就是这一实证性，所有的合理性在这里都有了意义和基础。

这种超越性的世俗化成为存在的统治，只有在惊奇中才有可能。为了让知从惊奇中有效地涌现出来，为了让无知被承认为无知，为了让存在作为存在发生，还必须让天穹之光照亮人类的狡猾和勤劳。眼睛所欣赏的光辉，正是指引这些眼睛走向被给予的光辉。这些眼睛与生俱来就是贪婪的，它们瞄准并感知，这些狡猾的猎人的眼睛学会了忍耐，然后变成了勤劳的眼睛。因此，成为存在论的偶像崇拜的世俗化（宇宙的可理解性、表象与在场的衡量和等同），与饥肠辘辘的人们在家中生活和建设的实际常识之间存在着契合。与世界的每一种实践关系都是表象，而表象的世界就是经济（économique，或译家政）。经济生活具有一种普遍性，使其向存在的生活敞开大门。[4]希腊是这一契合的地方，尽管文化多样，但普罗米修斯的同伴卡斯台尔阁下（Messer Gaster）却是世界上首位艺术大师。[5]最容易理解的莫过于以技术、科学和无神论为核心的欧洲文明。从这个意义上说，欧洲的价值观是绝对可以输出的。

没有人会愚蠢到不承认技术的矛盾性，但是，通常所编制的资产得失表并非基于任何严格的会计原则。对技术的谴责已成为一套舒适的说辞。然而，技术作为世俗化的产物，是对异教诸神的破坏。由于技术，某些神已经死去：占星术和占星术之神、命运之神、地方之神、山林之神和景观之神、所有那些栖息在意识中的神、在痛苦和恐惧中重复的神、天空之神。技术告诉我们，这些神是在世界之中的，因此它们是事物，而作为事物，它们并不重要。从这个意义上说，技术的世俗化是人类精神进步的一部分。但这并不是终点。[6]

191

〔4〕　关于经济的哲学含义，可参考《总体与无限》的第二部分，它将自我在世界中的生存描绘为经济。

〔5〕　参见 Rabelais, *Quart Livre*, chap. LVII et LXII。

〔6〕　通过这些论述，我们可以了解到，在列维纳斯那里有一种哲学意义上的技术，而不仅仅是技术性的，也不仅仅是工具性的，它也许不是"从本质上"思考的，而是从其意义的角度思考的。因此，海德格尔对任何技术概念的攻击都无法触及列维纳斯。

堂吉诃德，着魔和饥饿

1976年2月13日星期五

在存在论神学之外思考上帝，换言之，不再以实证性，即从世 *192*
界出发进行思考，这就是本课程所要阐述的问题。世界总是与知识
或思维相称的，总是被赋予知识或思维，从而可以被知识或思维所
把握和理解。思想包含着世界，或者说，思想总与世界相关——让
我们强调，这里的相关等同于在先[1]——而这种通过把握和理解的
方式进行思考的思想，取消了任何与世界不相关的思想，即所谓的
"浪漫主义"或"神学"的思想。

现在，这种被取消了的思想——相对于人们所期待和希望的东
西而言，是一种剥夺——可以通过质疑或希望的方式，表示包含者
与被包含的东西之间的不相称（实际上，只有上帝才足以隐喻不相
称）。人们会想到一个非世界的外部，一个非空间的外部；一个比
外在性（extériorité）更外部的超外在（extranéité），相比之下，外
在性还不够外部。[2]既然在这个世界上，一切都是可被解释的，没
有任何东西可以抗拒，那么我们的问题就在于，如何以及在何种程 *193*

---

[1] 这与列维纳斯在接受性与被动性之间的区别不谋而合，"比任何被动性都更被
动"，这种区别再怎么重复也不为过。

[2] 就此而言，请回想一下，列维纳斯《总体与无限》的副标题是"论外在性"。
这或许是列维纳斯在这部作品面世后对其进行批判的原因之一。其批判可参
考此书的德文版前言，收录在 *Entre nous*, Paris, Grasset, 1991。

度上可以对不平等的东西产生感情，对无法被接受或理解的东西产生感情。

技术，作为世界众神和上帝之物的毁灭者，具有除魔（désensorcellement）的作用。但技术并不能让我们免于神秘化。对意识形态的着迷依然存在，人们通过意识形态相互哄骗，也被哄骗。即便是人文科学所贡献的审慎的或者应该要审慎的知识，也无法摆脱意识形态。但最重要的是，技术并不能保护我们免于所有显现中的含混性，也就是说，免于所有存在显现中的可能表象。现代人对邪魅着魔的持久害怕就来源于此。

这就是塞万提斯精彩表达的东西。塞万提斯的《堂吉诃德》第一部的基本主题便是着魔，即沉睡在所有显现中的着魔表象。在这里，我们尤其会想到第一部的第46章及以下各章，[3] 在这些章节中，"面容愁苦的骑士"任由自己着魔，失去了理智，并向所有人保证，他和这个世界都被施了魔法："桑丘，我的孩子，我多次对你说过，这座城堡里的一切都被施了魔法，现在你该明白了，这的确是真的。"（第46章，第462页）在这件事中，只有桑丘还保持着一定的清醒，而且似乎比他的主人更坚强（"桑丘即使再愚蠢，也不会不知道自己是被一群有血有肉的人耍了，而不是像他的主人说的那样是什么幻觉"[同上]——"在所有在场的人中，只有桑丘的思维和形象没有变化。虽然他差一点就要患上同主人一样的疯病了，但还是能认出那些化了装的人来"[第463页]）。桑丘怀疑的这些"化了装的人"是一个牧师、一个理发师和一伙人，他们决定把堂吉诃德带到他的地方，在那里他可以治好病，为了达到这个目的，他们

————————

[3] 参见"七星丛书"的法译本（1949, trad. J. Cassou, C. Oudin et F. Rosset）第457页及其后各页。

想象自己进入了他的疯狂状态，假装自己是神灵，骑士在失去理智的情况下，毫不费力地相信了这些"化了装的人"。[4]因此，堂吉诃德的冒险是对世界着魔的激情和对自己着魔的激情，我们必须明白，笛卡尔的邪恶精灵在这些篇章中都有体现！[5]但我们也必须强调这些段落的现代性，在这些段落中，着魔的形式被囚禁在一个充满不确定性的迷宫中，在那些不过是面具或表象的面孔中没有任何指引的线索。[6]

在这迷宫般的着魔中，堂吉诃德以他自己的方式体验到了作为确定性基础的cogito（我思）："我自己知道并坚信我被施了魔法，知道这一点就足够了，我心中就踏实了。因为如果我认为我没有被施魔法，而我站在这个笼子里，懒惰而懦弱，使许多需要帮助的人得不到我可以提供的帮助，而他们现在恰恰极其需要我的帮助和保护，我就会非常难以安生。"（第484页）

也许没有什么耳聋能让我们回避受苦受难者和需要帮助者的声音，从这个意义上说，这种声音本身就是除魔的。这种声音将诱发另一种世俗化，而世俗化的发动者将是饥饿的谦卑。通过对饥饿的剥夺来实现世界的世俗化，这意味着一种超越性，这种超越性的开始不是作为第一因，而是在人的肉体性（corporéité）之中。因此，这种超越性是非存在论的，或者说，它至少没有在存在论中找到其起

195

---

〔4〕 参见第46章。

〔5〕 毫无疑问！列维纳斯所阐释的邪恶精灵也是如此，可参见《总体与无限》第一部分"真理与正义"一章的第三节"真理预设正义"。

〔6〕 请看以下段落，引自第463页："他们都蒙着脸，装扮成身份不同的人，让堂吉诃德认不出这是他在城堡里见过的那些人……待他被惊醒时，已经动弹不得，只能惊奇地看着眼前这些陌生的面孔。此时他的怪诞念头又闪现出来，相信这些模样奇怪的人就是这座城堡里的鬼怪，他自己也肯定是被魔法制服了，所以既动弹不得，也不能自卫。"

源或衡量标准。存在论减少了可见之神，但如果不是因为这另一种超越性，它就会把我们置于堂吉诃德和他的迷宫般的禁锢之中。

如何摆脱堂吉诃德式的着魔的困境？如何找到一种非空间的外在性？只有在走向他人的运动中，这种运动首先是责任。在非常谦卑的层面上，在饥饿的谦卑中，我们可以看到一种非存在论超越的轮廓，这种超越始于人类的肉体。从这个意义上说，人类的动物经验必须被视为存在史诗的爆发，这种爆发打开了一个缺口、一条裂缝、一条通向超越的出路，在那里，除了可见的诸神之外，还有一个上帝。

我们是否丈量过饥饿的深度（在此，自我的同一只是为了确认自己的同一性）？[7]我们对饥饿的聋哑语言（正如谚语所说："饥饿的胃没有耳朵"），对任何令人安心的意识形态，对任何属于总体的平衡都充耳不闻，并不感到惊讶。饥饿本身就是一种卓越的需求或匮乏，它构成了物质的物质性或物质的巨大赤诚（逻辑上的匮乏是以饥饿为模型的，而不是相反）。[8]这种匮乏使我们无法以精神秩序世界的形象从这种匮乏中获得慰藉；任何音乐都无法平息的饥饿感，将一切浪漫的永恒都世俗化了。匮乏的尖锐在于对这种匮乏的绝望。以卵击石的绝望，或者以头撞墙的绝望，仿佛是在呼唤虚无的另一面，这种呼唤没有理由，没有陈述，没有目的，也没有主题化，就像一个前意向的转换，就像要离开世界。这是一种前崇拜

---

[7] 根据《总体与无限》，饥饿已经被包含在吃这一基本的享受之中了。

[8] 与之相对的是，在《马丁·布伯的思想与当代犹太教》中的这几句话，已经幽默地透露出列维纳斯和《我与你》的作者之间根本性的争辩："我们不妨自问，给赤身裸体者穿衣，给饥饿者喂食，这是否比布伯的'相遇'有时所处的以太（éther）更能拉近我们与邻人的距离。说出'你'的这一声，已经穿过我的身体，一直通达到给予的双手，超越了声音的器官。这符合比朗（biranienne）的传统，也符合《圣经》的真理。我们不能空手去面对上帝。这也符合塔木德经文，其中宣称'施舍食物'是一件伟大的事，当一个人用所有的金钱爱上帝时，全心全意和用自己的生命爱上帝就更加伟大了。啊！犹太唯物主义！"（参见 Hors sujet, pp. 32-33）

的祈祷，一种作为乞讨的请求，一种没有前提的问题，一种甚至不是这个问题提出的问题，一种超越的问题，而不是朝着某个世界背后的问题。问题在选择的条件中摇摆，在死亡与上帝之间摇摆。这是一个无法被还原为某种问题形式的问题——一个在其趣味性深处引起争论的突然判断（assertorique）问题，因为在我们的欲求本质（conatus essendi）得到肯定的所有欲望中，饥饿是最兴趣盎然的。这个问题所关涉的不是索取，而是乞求无限，在这个意义上，它是一个指向非空间外部的问题，一个超越存在论的问题。

通过饥饿而世俗化是一个关于上帝和针对上帝的问题，因此，它既比经验多一点，又比经验少一点。它是一个前崇拜的问题，是一个没有答案的问题，就像是问题的谜一样或模棱两可的回声。不过，需要指出的是，这一分析并不是要将超越性主体化，而是要对主体性感到惊讶。

作为世界上最杰出的艺术大师，卡斯台尔阁下的地位并非无人可以撼动。在欲求本质中，饥饿对其他人的饥饿有着惊人的敏感。¹⁹⁷ 他人的饥饿感将人们从沉睡的自足中唤醒。从对自己饥饿的记忆到对他人饥饿的痛苦和同情，我们对这种转移不会感到惊奇。这种转移表达了一种不可推卸的责任和逃避的不可能，这种逃避仍然使人个体化，饱食终日的人并不理解饥饿的人，他从未停止过逃避自己的责任，但仍然无法逃避自己。个体化便是这种逃避的不可能，即便他一直在逃避，这也是对他自己的谴责。自我的独特性，便是这种逃避的不可能和不可推卸的责任的痕迹，堂吉诃德在着魔的时候，仍然记得这一点。在成为“我”的可能性中，生命屏住呼吸，保持活力，成为一股向前的力量。倾听他人，走出自己迈向他人，这就是对饥饿问题和前崇拜祈祷的回答。

在饥饿中，在非常谦卑的层面上，超越性就是这样形成的。

作为无端的主体性

1976年2月20日星期五

198 对上帝的非存在论神学的接近，涉及对不属于意向性框架的人际间关系的分析，因为意向性总是有内容，总是以与其自身相称的方式思考。超越自身限制的思维，如欲望、探究、疑问、希望——这些都要比思考更多，超出了思维所能容纳的范围。对他人的伦理责任也是如此。伦理与意向性形成了鲜明的对照，如同与自由的对照一般：负责任就是在任何决定之前就已经负责。在此，先验统觉的统一体出现了裂缝、挫败和背叛，正如每个行为的源始意向性都会遭到挫败一样。仿佛在开始之前，这里就存在着某种东西：一种无端（an-archie）。[1]这意味着对作为自发性的主体提出质疑；我不是我的本源，我的本源也不在我（这让我们想起俄罗斯的民间故事：骑士的心在其身体之外）。[2]

199 这种对他人的责任被构建为"为他人"，以至于在回归自我之前，一个人成为他人的人质，被他人作为不可替代的召唤者的身份所挟持。以己身为他人，直到成为他人的替代。[3]我们必须明白，

———————

〔1〕 "无端"必须从两个方面来理解：首先，作为不从开端（ἀρχή）而来的东西，因此《别于存在》称呼其为前-源始。但是，它还有其本来的意义，也即对抗国家权力的无政府状态和无政府主义；这同样赋予了先知主义另一层含义。

〔2〕 故事题目叫《丹科的心》（*Le cœur de Danko*）。

〔3〕 替代的概念是《别于存在》第4章的内容，这一章，按初注（第Ⅸ页，中译本第3页）中的说法，是这一作品的核心。

172

这是从存在来看不可理解的关系，也意味着这种替代是本质的例外。因为，同情当然是一种自然的情感，它源于曾经挨饿的人，并朝向他人，朝向他人的饥饿。但是，由于有了替代，世界或存在中可能存在的机械团结就被打破了。"对我来说，谁是赫卡柏？"我们必须像莎士比亚一样问自己。[4]

在这里，我们要做的是将主体性描述为不可还原于将存在主题化的超越论意识。亲近是作为一种与他人的关系出现的，这种关系无法归结为图像，也无法作为一个主题来呈现。他者不是过度，而是无限的，也就是说，他不会被限于主题，也不能出现在意识中。他是一张面容，面容有一种隐蔽性，这种隐蔽性成为一种萦绕，这种隐蔽性并非源于所接近的东西的无意义，而是源于一种不同于表现、显示和景象的指向方式。

因为，与流传给我们的哲学相反，含义并不一定意味着主题化。为他人并不是直观的不在场，而是在"为了"的关系中表现出的责任过剩。在这种"为了"中，存在着一种超越被给予的含义，它有别于著名的意义给予（Sinngebung）。

含义就是为他人或对他人负责。这不是一切都平等的无害的知识关系，而是他人对我的传讯，是对我们甚至不认识的人的责任。一种极端紧迫的传讯，先于任何介入，在任何开端之前：不合时宜（anachronisme）。这就是我们所说的"萦怀"，一种先于行为的关系，一种既非行为也非立场的关系——这种关系与费希特的观点形成了鲜明对比，费希特认为，意识中的一切都是由意识设

200

---

[4]　参见《哈姆雷特》第2幕第4场，593—594行："赫卡柏对他有什么相干，他对赫卡柏又有什么相干，他却要为她流泪？"

定的。[5]

在这里，情况截然不同：并非意识中的一切都由意识设定。紫怀逆意识流而上，以陌生性的姿态出现在意识中，意味着一种异质性、一种不平衡、一种打破起源的妄想，[6]它比起源更早出现，先于开端（ἀρχή）、先于意识的萌芽而出现。这是一种无端，它停止了存在论的游戏，在这种游戏中，存在失去了又重新找到。在亲近的过程中，自我无端地落后于它的现在，无法追赶。这种无端就是烦扰；它是他者对自我的控制，让我无法言语。

这种烦扰并不指一种疯狂意识的内容，而是触发自身的形式。它指的是意识的颠倒，一种无法用意向性来定义的被动性，在意向性中，正在进行的永远是一种掌控。然而，在意识的全部自由中，或者至少在最后的瞬间中（因为在意识中一切都是意向性地掌控着的），一种承受怎么可能是一种激情呢？疯狂和紫怀如何进入意识？这就是意识情结的悖论。

我们这里所说的异质性——非客观的、非空间的（如果是空间的，它仍然可以被意识恢复）、紫绕着的、不可主题化的、无端的外在性——指的是无端的情结或元存在论的戏剧，它破坏了我为自身辩护所需要的逻各斯、语言、理性。至少在三个方面，它是一种极端的激情：通过它，意识不顾自身而被触及；在它之中，意识在没有任何先天条件的情况下被把握（他者总是以一种出乎意料的方式出现；他是第一个出现的人）；有了它，意识被非欲望者所触及

---

〔5〕 费希特的理论可以见如下这句话："自我和非我都是我的源初行为的产物，而意识自身是自我的源初行为的产物，是自我的源初定位。"参见 Fichte, *Principes de la doctrine de la science*, trad. A. Philonenko, in *Œuvres choisies de philosophie première*, Paris, Vrin, 1972, p. 28。

〔6〕 正是在此意义上，"心灵现象就是精神疾病"。

（他者是不可被欲望的，包括在某些人用来谈论陌生人的意义上；在与他者的关系中没有性欲；它是一种卓越的反性欲关系）。[7]因此，这里有一种先于任何疑问的疑问。

与海德格尔、芬克或让娜·德尔霍姆（Jeanne Delhomme）的观点不同，他们主张一种没有责任的自由，[8]一种纯粹游戏的自由，而我们在这里看到的是一种不以任何承诺为基础的责任，这种责任铭刻在存在之中，没有选择。（他者在受压迫——而我，唯有承担责任！）在这对自由与非自由的关系面前，一种使命被确立起来，它超越了人的有限性和利己主义目的，这种只为自己而活的人洗刷着并非始于当下的不幸和过错。[9]这是与从未存在过的过去建立关系。这是一个并非为了自我，而是为了任何存在的存在者的授权或投资。这就是超-脱-本质（dés-inter-essement）（存在并不仅仅是esse，它还是essement——或者说本质欲求）。

这是自我激情中的特殊独特性，而自我激情则是这种不间断地从属于万物的事件，是主体性的体现。主体性的存在剥夺了自身，掏空了自身的存在，将自身从里到外翻个底朝天，也即异于存在的主体性。异于存在，就是超脱本质，就是承担他人的苦难，甚至承担他人可能对我承担的责任。这里没有人与人之间的交易，没有简单的责任交换！成为自我——无论是否作为人质——总是要多

202

---

〔7〕 关于这一点，请参看同一门课程1976年5月21日那次课的内容，及其注释〔7〕和〔9〕。

〔8〕 芬克的名字常在上一门课程中被提到，但此处涉及的是芬克的《作为世界之象征的游戏》（trad., Paris, Minuit, 1966）。至于让娜·德尔霍姆，可参见列维纳斯在《专名》中专门为她写的论文；关于两位思想家的一次讨论，可参见 H. Valavanidis-Wybrands, "Manière de dire," *Cahiers de la nuit surveillée*, n°4, 1991, livraison consacrée à J. Delhomme。

〔9〕 陀思妥耶夫斯基将其小说《群魔》中的一章命名为"他人的罪孽"并不是无来由的。

承担一份责任。人质的责任应从最强烈的意义上理解。因为我仍然无法理解别人对我的关心："对我来说，谁是赫卡柏？"换句话说，"我是我兄弟的守护者吗？"[10]这样的问题在存在中是无法理解的。

在自我（Moi）的前史中，[11]我（moi）完全是一个人质——比自我（ego）更古老。对于自己（soi）来说，在其存在中，存在不是问题。这里，自我的宗教性产生了，前本源地就与他人紧密相连。只有这种无条件的人质，才使得宽恕、怜悯或同情成为可能。最后，让我们以保罗·策兰的话结尾："当我是我时，我就是你（Ich bin du, wenn ich ich bin）。"[12]

---

〔10〕 这是《圣经》中该隐对上帝的回答（《创世记》，IV，9）。陀思妥耶夫斯基在《卡拉马佐夫兄弟》中也将这句话借主人公伊凡之口说出（第2部，第5卷，第3章）。

〔11〕 我的前史可在《总体与无限》中找到，《别于存在》则负责对其进行描述。

〔12〕 参见 Celan, *Lob der Ferne*, in *Gesammelte Schriften*, Francfort s/Main, Suhrkamp, 1986, vol. I, p. 33；布朗肖的翻译见 "Le dernier à parler", *Revue de Belles Lettres*, 1972, n°s 2-3, p. 177："当我是我时，我就是你。"

自由与责任

自我承受着他人的重负，通过责任被召唤到独特性中来。自我 　203
的超个体化在于停留在表面，而不分享所有在其自身中的存在者的
本质欲求。我关涉于万物，因为我为了万物。为所有存在赎罪的自
我并不是能够为所有其他存在赎罪的存在：它就其本源就是一种赎
罪，先于意志的主动性。[1]仿佛自我的独特性就是吸引他人到我之
上来的万有引力。

我们可以将这一情结中发生的一切称为善：在放弃我拥有的
一切、我为自己的一切的要求之下，我替代了他人。善良是唯一不
会将多样性引入一的品行。如果将其与一区分开来，它就不再是善
了。在善之中承担责任，就是在自由之上或自由之外承担责任。伦
理先于自由进入我的内心。在善恶的两极之前，自我在承担的被动
性中已经处于善之中。在选择善之前，自我就已在善之中了。这意
味着，自由与非自由的区别不是人与非人之间的根本区别，也不是
有意义与无意义之间的根本区别。

这就好像在始终无法还原为当下的自我中，存在着一个超越所 　204
有过去的过去，一个绝对的、不可再现的过去。现在是主动和选择

---

[1] 我们应该从"比接受性还更被动的被动性"这句经常被重复的话上来理解其
　　意义。

的地点。但是，善在做出任何选择之前，不就已经选出了主体吗？善的选择是自我责任的选择，自我无法推卸责任并从中获得独特性。[2]这种与自由相关的责任的先行表明了善的善良性：善必须先选择我，然后我才能选择它。善的选择在我之先。

因此，在我的存在深处，存在着一种先于原初的接受，一种先于任何接受性的被动性——一种从未在场化的过去。这种被动性超越了我的时间限制，优先于任何可表象的优先性。就好像自我，作为对他人负责任的自我，有一个无法追溯的过去，就好像善先于存在，先于在场。

这就是所谓的异时性。[3]一种不可还原的差异，它不符合主题的统一性；一种在善与我之间无法弥合的差异；一种不同项之间没有同时性的差异。但这种不可还原的差异仍然是一种非-冷漠（non-in-différence）：我与善的关系赋予了我对他人的责任。传唤我来到对不可欲之物的欲望上来，来到对不是色情或没有嗜欲的欲望上来——嗜欲从未停止过以路西法的方式，好像与善等同一般，通过善的表象进行诱惑，但就在这一表象中，它也表明了自己从属于善。由此可以认为，善与恶并不在同一层次上。

205　　在善与我的这种关系中，也就是在他人传唤我的这种关系中，有某种东西在上帝之死中幸存了下来。[4]因为我们可以把上帝之死理解为这样一个时刻：人们可以把任何引起冲动的价值还原为引起

---

〔2〕　正是在这一选择的基础上，才可以理解以色列的选举；后者就像对前任总统的尊敬一样，意味着与统治和自我肯定完全不同的东西。

〔3〕　这就是时间性，源始的和根本的反胡塞尔的方式，过去和将来都不再起源于现在。

〔4〕　列维纳斯对瓦西里·格罗斯曼的小说《生活与命运》的欣赏正是由于这种幸存，小说中的一个半疯子（伊孔尼科夫）的心中，没有意识形态的小善良比刽子手的恶毒更强大。

价值的冲动。[5] 相反，如果我们拒绝这种等价性或互惠性，如果善通过倾向邻人而拒绝了我，那么，在我接受善之前，善就已经选择了我，它的非-冷漠就维持了异时性的差异。

在对他人负责的过程中，我已然成为自身，我被邻人所萦怀，这就意味着这种古已有之的选择。自我并不是从一个主权自我的自我触动开始的，随后去同情他人，而是通过无端的创伤开始的，先于所有的自我触动，也即他人的出现。在这里，一个人受到另一个人的触动，一个人受到另一个人的感召，而这种感召是无法从因果关系的角度来思考的。[6]

我们从并非乌托邦的责任出发，描述了有限自由的概念。[7] 自由与他者之间存在着一种共同的可能性，这种可能性使我们有可能赋予有限自由这一概念以意义，同时又不损害自由的有限性。但是，自由怎么可能同时又是有限的呢？一个自由自我或费希特式的自我如何能够承受来自非我的痛苦？——难道自由愿意将自己置于限制其力量的给定境况中？这还不够。在"有限的自由"中，出现206了一个自由的区域，有限性或局限性不会影响它的意志，即使它们影响它的力量。有限的自由不是在有限的领域中行动的无限自由，因此才有限。它是自我的自由，其无限的责任（无法用自由来衡量，也无法还原为非自由）要求主体性作为没有任何事物和任何人可以替代的东西，并将其剥离为被动性，作为没有主格的宾格的自我。有限的自由既不是第一，也不是最初的，因为它所激发的意志

[5] 我们由此可以明白列维纳斯根本上的反弗洛伊德主义！
[6] 正是在自身触发这个问题上，列维纳斯与米歇尔·亨利决定性地决裂了，尽管他对米歇尔·亨利的著作十分欣赏。此外，我们也可以理解为什么这里不可能存在因果关系，因为我们处于一种无基础的思考之中。
[7] 参见 *Autrement qu'être*, pp. 156-166。

是建立在比任何被动性都更加被动的被动性基础上的，不可承受的被动性。这种自由是有限的，因为它是与另一人的关系；它仍然是自由的，因为这个另一人就是他人。

有限的自由就是做你该做的事，做别人做不了的事。因此，即使受到他人的限制，它依然是自由的。因为它来自他律的感召——这一感召就是精神生活的普纽玛（pneuma）本身。主体的为他人，也就是这种有限的自由，不能被解释为一种负罪情结，也不能被解释为自然的仁慈（就像一种神圣的本能），更不能被解释为一种牺牲的倾向。这种有限的自由在存在论上毫无意义，是与存在本质的决裂。因此，责任将主体从无聊中解放出来，将他从枯燥的同义反复和单调的本质中解放出来，[8]或者说，将他从自我窒息于自身之下的禁锢中解放出来。[9]

207 事实上，责任意味着在承受超出自身能力的感性时与自身的不平等。这种感性是以自我中的他者——感召本身——为幌子的脆弱性。我是一个独立的自我性，无法回归自我。坚固、封闭的意识核心在这里被打破，创伤与行为之间的平等与平衡总是在这里重新

----

[8] 可怕的无聊！按照《别于存在》最后几页的说法："这一不可动摇的本质，这对所有责任都一律平等的、但也对所有责任都无动于衷的、并且把责任也从此囊括进来的本质，却由此种中性及一律平等转变成——如在失眠中那样——单调、匿名和无所表示/微不足道，转变成不断的嘈杂声；没有什么能够使这种嘈杂声停止，而此嘈杂声则吸收所有表示，甚至这样一种表示，亦即，此种喧嚷忙乱亦为其样式之一的表示。无定限地伸展着自身的本质，没有任何可能的中止也没有任何可能的打断的本质……这就是那令人恐怖的有，那在进行话题化的我——那不能陷入它将之话题化了的本质之中的我。"（第207—208页，中译本第379—380页）对"有"（il y a）的定义，参见 *De l'existence à l'existant*, Paris, Éditions de la revue *Fontaine*, 1947, 以及1978年版本前言中的注释。

[9] 这种窒息正是列维纳斯在1935年的《论逃逸》中对恶心的分析中所把握到的，参见 *De l'évasion*。

建立。唤醒了同一者的他者就是同一中的他者，没有异化，没有奴役。这就是善的卓越之处。

这之所以可能，是因为从无可追忆的过去以来（即无端之中），被他人也就是为他人；在因他人的过错而受苦时，也就意味着为他人的过错而受苦。为他人受苦是通过他人受苦来实现的。因此，主体的循环不是游戏的自由，而是来自他者的必需，它超越了我的能力范围，成为自我不计代价（就此可以说是自由地）消耗自身的无限制的出发。如果说本质填补了在没有任何损失或创造的严格计算中虚无会中断的任何间距，那么有限自由则以一种无偿性否认这种计算。因为，无偿不仅应被理解为在游戏中不留痕迹或记忆的绝对消遣，而且首先应被理解为对他人的责任或赎罪。

作为走出存在论之途的伦理关系

1976年3月5日星期五

　　我们在此所寻求的见证（témoignage）的概念并不是知觉的重复；它并不包括对所见所闻的展示；尤其是，它与"宗教经验"这一见证的那种变质的、油腻的概念形成了鲜明的对照，其结构类似于人们对世界的经验。见证并不从属于知觉，它构成了自己特有的、不可还原的接近方式。

　　在这里，我们试图提出只有当与他人相关时才有意义的概念。我们正在寻找一种非存在论的神的概念，从某种超脱本质开始；我们正在寻找一种摆脱存在论的方式，从与他人的差异关系开始，这使得客观性不可能（客观性总是意味着包含一个内容），这是对他人的一种责任，"言说"本身就像是一种没有任何保护的补充。这种言说本身是一种放弃自身的方式。[1]这种放弃的方式不是事先介入的结果，也不是有分寸的责任，而是用人质一词来表达。人质意味着替代。但替代并不是把我自己放在别人的位置上，这样我就会同情他们；替代意味着以赎罪的方式替别人受苦——这是同情的唯一方式。

　　作为人质的主体性概念，从其形式设计上看，是对以位置为特

---

〔1〕　关于作为技术性术语的言说，参见 *Autrement qu'être*, pp. 167-178。

征的，可以称为自我的主体概念的颠覆。[2]自我被置于世界之中或世界之前，这个位置就是自我在其自身中的在场。作为我的主体坚守着自己，拥有着自己，是自己的主宰，也是宇宙的主宰。因此，这个主体是开端，仿佛它先于一切。它是宇宙的保证，就好像它是宇宙的开端。即使姗姗来迟，它也仿佛先于万物：通过历史，它可以知道在它之前发生了什么。但开端也是终结：历史的终结是自我的完全占有、自我的完全在场。

在与他者的关系中——这种关系还未得到清楚的解释——这种自身的在场一开始就被他者打败了。主体，这个著名的建立在自身之上的主体，被他者打乱了，被一种没有言语的要求或指责打乱了，我无法用言语来回应他，但我无法否认对他的责任。主体的位置已经是它的罢免。成为我（而不是自我）不是对自身存在的坚守，而是以人质的替代来为所遭受的迫害赎罪。我们必须走到这一步。因为只有这样，我们才能经历主体的去物化（dé-réification），经历限定了主体的服从的条件或非条件的去实体化（désubstantification）。

因此，我们必须在此强调，自由并不是首要的。无论通往社会上层建筑的道路如何，自我都要先于自由而负责。处于宾格的"为我"，先于自由首先是负责任的，其不可转移的责任显示了独特性。在这里，自由将被视为在我的位置做别人不能做的事的可能性；因此，自由就是这种责任的独特性。

关系的不对称性使我相对于他人处于零散状态。在社会上层 *210* 建筑中，在正义中，被放置的自我将重新找到法律，并通过法律找到自主和平等。但自我首先是替代。提出这个命题并不是要说明一个原则的普遍性，也不是要确定一个概念，而是要思考自我，因为

---

〔2〕 这种颠覆恰恰也颠覆了从《总体与无限》到《别于存在》的道路。

它拒绝了一切概括。主体并不是一个被赋予了自我性结构的不透明的存在者，就好像它有一个本质上的结构——这将使我们有可能把它看作一个概念，而个体的存在将是这个概念的实现。通过这种替代，被肯定的不是自我的个体性，而是它的独特性。[3] 这种自我作为人质的处境的特点在于它要逃离概念，因为概念立即给了它一个框架并框定了它。

现代反人道主义的伟大之处——不管它自己给出的理由是什么——在于通过摒弃人的概念，为人质的主体性腾出空间。反人道主义是正确的，因为人道主义不够人性化。事实上，只有他人的人道主义才是人性的。[4]

放弃自由的自我概念当然是困难的。即使我们承认世界的苦难和重量都压在了自我身上，我们也会反对说，只有自由的自我才会对压在自己身上的重量敏感，才会决定与他人团结一致。让我们暂时承认这一点：如果该隐不是他兄弟的守护者，那他也必须承诺自己是他兄弟的守护者。至少我们会认识到，这种自由在承担这一紧迫重任时是没有任何延迟的。我们不可能躲避邻人的呼唤，我们不可能离开，对他人的过错和痛苦的假设并不包括被动性。这种激情不是假设。因此，人质的无条件至少是自由的一种基本方式，而不是本身就超然的自我的意外。

在特定的社会中，[5] 我对每个人的责任可以甚至必须通过自我

---

[3]　对个体性（singularité）的拒绝，同时也是一种无视黑格尔的方式——按照《别于存在》第223—224页的内容，列维纳斯显然了解黑格尔——通过坚持被黑格尔否认其合法性的特殊性，也就是一种肯定罗森茨威格的方式。

[4]　关于这一点，参见《别于存在》第164页的论述。

[5]　这个社会随着第一个社会人（socius）的出现而出现，他并不叫作他人（autrui），而是第三者（le tiers），这就是《别于存在》从第200页之后开始出现的颠倒。

限制来表达。这种人质的责任的过度在其过度中就是限制。自我可能会在无限责任的名义下为自己操心。鉴于他人也是第三者，而他人也是邻人（在社会中，我们从来都不是两个人，而至少是三个人），鉴于我发现自己处在邻人和第三者面前，我必须比较、权衡和衡量。因此，我必须思考。我必须清醒。知识在这里出现。我必须是正义的。这种意识、知识和正义的诞生，也是作为爱智慧的哲学的诞生。最初的无限责任为这种对正义的关注提供了理由，但这种责任[6]可能会被遗忘，在这种遗忘中，意识诞生为纯粹的自我占有——但这种自我主义或利己主义既不是最初的，也不是终极的。在这种遗忘的底层是一种记忆。一种被动性，它不仅是此在死亡的可能性（不可能性的可能性），而且是一种先于自我的终极可能性的不可能性：逃避的不可能性，一种绝对的敏感性，一种没有轻浮的严肃性，这实际上就是在这种遗忘中构成的存在的钝感中的意义。

机构和国家本身可以在介入亲近关系的第三方中找到。人们是否可以从"人对人是狼"而不是"人是他人的人质"的定义中推导出制度呢？由限制暴力或限制责任而产生的制度之间有什么区别？至少有一点：在第二种情况下，我们可以以产生制度的名义 *212* 来反抗制度。

在这种最初的被动性中，在这种先于任何主格的宾格中，自我废除了同一的帝国主义，并将意义引入存在。在存在本身中，不可能有意义。死亡使自我对其命运的操心失去了意义。在等待死亡的过程中坚持自我的存在，无异于逃避到一个没有出路的世界。最滑

---

〔6〕 我们可以在此回顾一下《别于存在》的最后几页（第233页，中译本第424页），"无论如何，为了点缀世界的一点人性——即使这只是纯粹的礼貌或纯粹的道德光辉——也是必不可少的"。

稽的莫过于，当毁灭已成定局时，一个存在者却对自己的存在烦来烦去；这就像为了行动而质疑星辰一样荒谬，因为星辰的裁决是最终的。但喜剧也是悲剧，人既是喜剧，也是悲剧。

另一方面，无限的亲近关系中的接近赋予死亡以意义。在这种接近中，责任的绝对独特性包含了死亡的普遍性。生命不是以存在来衡量的，死亡不能引入荒谬。死亡否认快乐。但我们可以拥有依恋，通过依恋，死亡才有了意义——说这话时，我们不会虚伪到假装消除死亡的疼痛。很简单，他人会影响我们自身，而这种被动性就是主体的主体性。

就像康德主义不以存在论来衡量人的意义，而是在"它是什么"这个存在论问题之外寻找人的意义一样，[7]在这里，我们也是在不朽和死亡问题之外寻找意义。不朽和神学不属于绝对命令的范畴，这突出了哥白尼革命的新颖性。意义不是由存在抑或不存在决定的，相反，存在是从意义出发来决定的。

---

〔7〕 参见1976年2月的那几次课。

超乎寻常的责任

主体性是我对他人、对不在我权力范围内的事物（因为他人与 213
在我权力范围内的世界中的客体不同）所承担的超乎寻常的日常责
任。因此，在这种责任中存在着失败：超越论的主体性在其现实行
动中，在其行动的存在中，有些东西被取消了。在主体的自发性被
打破的地方，有些事情发生了。[1]

人与人之间的关系、伦理关系——如果作为伦理（ethos）的伦
理是习惯性的、第二性的，那么这种关系被称为伦理关系是不恰当
的——指导着我们的研究，并寻找阐述非主动概念的方法。[2] 人与
人的关系——除了社会学保留的庞杂的质料方面之外——是按照一
种不同于存在的模式构建的。它意味着别于存在的方式。

我们所说的上帝只能从这些其他关系中获得意义。[3] 只有从 214
这些关系中，上帝才能显现其自身。但我们要强调的是，从伦理学
出发思考上帝并不是一种自以为是的思考。相反，这是把人与人之
间的关系把握为非同寻常的问题，这意味着一种非空间的外部，因

---

[1] 但是，必须强调这一点，因为这是思考的难点，这种打破是源初的，是对并
非自我（Moi）的我（moi）的同一化，是主体的主体性。

[2] 或者，如海德格尔所说，"ἦθος 意味着居留，居住的地方"。参见 *Lettre sur
l'humanisme, op. cit.*, p. 145。

[3] 这是列维纳斯的问题：上帝这个词，上帝之名是如何获得意义的？参见《论
来到观念的上帝》一书前言的开头几段。

此绝不是把上帝视为世界的原因，因为上帝本身仍然属于世界。但是，我们必须认识到，这种以别于存在的方式进行思考的尝试是可以进行的；相反，所有结构主义思想都是在与"存在之外还有其他思考模式"这一观点做斗争。

被动性只有在"为他人"被推向极致（以至于一个人成为另一个人的人质）的情况下才有意义，在这种情况下，人发现自己的同一性是独一无二、不可替代的：不再转向自身地为了他人。在对自我的承载中，主体就是赎罪，人们可能会试图将赎罪当作我的存在。在此，在本质之中，有一种本质的例外。

为了确定这种关系或这种尊敬，我们使用了"替代"（substitution）一词。这种替代不是圣餐变体（transsubstantiation），不是进入另一种物质并在其中确立自身。替代仍然是与他人的关系，因此，它仍然是非连续、异时性的，没有巧合。替代不是一种结果，也不意味着一种活生生的状态；它就像一个与本质相对立的过程；替代或责任并没有停止，因而仍然是别于存在的东西。

责任的超乎寻常并没有被禁止漂浮在存在论的水面之上。没有必要不惜一切代价为其寻求位置。责任并不意味着综合，而是在为了他人的过程中，一个人通过差异的时间或空间间隔与另一个人分离，而那种非-冷漠并不能抹杀这种分离。责任不是一种体验（Erlebnis），它始终具有存在论的地位。[4] 但它既不能被简化为一种启示，也不具有认知特征。它不是知识。

现象学已经开始在非认知的事物中寻找意义。感觉、行动和决

---

〔4〕 这是因为体验的意向性特征，如胡塞尔在《纯粹现象学和现象学哲学的观念》第88节所述，参见 *Idées directrices pour une phénoménologie*, trad. citée, pp. 303 *sq*。

心也具有意义。胡塞尔现象学对此的表述是，这些心理状态不仅是状态，同时还是意向性的：每一种感觉都已经是被感觉的感觉。因此，意向性指向了某种自身之外的东西，但它始终保持着认知的特征，并导向一种"对某事物的经验"，一种"关于某事物的信息"。我们始终致力于某种目标，并在这一过程中学到一些东西。《纯粹现象学和现象学哲学的观念》的教训是，任何事物都可以转化为知识；任何价值问题都可以转化为理论论题。在所有心理生活的核心中，总是存在着这种理论性的景象。《逻辑研究》重提了布伦塔诺的论点，即"每一种意向经验要么本身就是（单纯的）表象，要么以表象为基础"。[5]

在这里，我们要寻找的是一种不以这样的理论目标为基础的有意义的关系。伦理关系不是对被给予之物的揭示，而是在做出任何决定（每一个决定都是关于已被决定之物的决定，是结论的决定）之前，将自我暴露给他人。在这里，存在着一种暴力：一种自我内心的创伤，一种他者对同一者的要求，一种与意向性相反的运动。他者对我的命令极度紧张；在我敞开心扉之前的命令；他者对同一者的创伤性支配。这是我在那召唤着我的帮助的极端紧迫性中重新发现的支配，以至于我总是来不及，因为没有时间等待。

这种要求我自己、激荡我内心的方式，可以被称为激 *216*
活（animation）（这不是一个比喻；我是被他人所激活）或灵感（inspiration）。后边这个词是在伦理情境中获得其应有的含义的；而当我们用它来谈论诗人时，它才具有隐喻性。它是一种没有异化的

---

〔5〕 *Recherches logiques*, trad. H. Êlie, A.I. Kelkel et R. Schérer, Paris, P.U.F., 1972, t. II, deuxième partie, p. 268.

改变。心灵现象就是他者对同一者的激活和灵感，通过他者对同一者的回应，转化为主体内在核心的裂变，这里没有任何庇护和逃避。这就像一个比自我更自我的不由自主：这是一种挑选。所有的我都是被挑选出来的：没有其他人能做他必须做的事。这就是陀思妥耶夫斯基的"更甚于所有其他人的我"的含义。[6]

如果这种改变是心灵现象，那么心灵现象就是一粒疯狂的种子——或者说所有的心灵现象都是精神病，正因为如此，它修饰的不是我，而是在召唤中的我。[7]在这种召唤中，我处于宾格：意思是"我在这里"。[8]就好像，在任何降格之前，在主格的任何位置之前，我就已被他人所唤醒。这就是为什么《圣经》可以说："我因爱生病。"[9]在这里，"我"是灵感的意思，不能与优美词句的天赋或歌曲的天赋混为一谈（诗人的灵感不是第一位的）。在这里，我是被给予、双手和身体所限制；身体是给予的条件，带着所有给予的代价。这就是金钱的意义，因此莱昂·布洛瓦（Léon Bloy）能把给予他金钱的人称为朋友。[10]

对笛卡尔来说，灵魂与肉体的结合需要预设一种奇迹般的介入，因为它是根据表象的合理性来寻求的；这是一个思考两种不同物质的结合和同时性的问题。但是，从对他人负责的角度来看，主体的心理世界是为他人的，是一人给予他人，因此必须出手给予。人的主体性是血肉之躯。与因果链中的效果的被动性相比，它在引

---

〔6〕 *Les Frères Karamazov*, IIe partie, livre VI, chap. II.
〔7〕 就此而言，《别于存在》中说："心灵现象就是精神疾病。"
〔8〕 说"我在这里"时，《别于存在》唤起了《圣经》中的hineni，指的是《以赛亚书》，VI, 8："我在这里，派我去。"其解释是："'我在这里'即意味着'派我去'。"
〔9〕 参见《雅歌》，II, 5；V, 8。
〔10〕 关于金钱的意义，参见作者1954年的文章《自我与总体》，收录于 *Entre nous*。

渡给他者时更为被动。在这里，我们所谈论的是在涉及身体的给予中对自己的剥夺，因为给予到最后就是给予从自己口中撕下的面包。在这里，主体性是身体从自身的欲求中消失的所有引力。

作为责任方式的言说是如何调节它的？为什么我对他人的责任变成了言说，而不仅仅是给予呢？在言说中还有什么是给予所没有的？我们为什么要谈论他人？在我们与他人的关系中，语言意味着什么？是因为对话是与他人关系的特权模式吗？不！[11]在这里，言说并不被理解为对话，而是我向他人无限敞开自己的无限见证。在与他人的关系中，这种见证的维度是有所指的，它并不依赖某种先决的知识（préalable connaissance）（用先决的知识来限制见证会让我们回到存在论）。

---

〔11〕 最糟糕的莫过于将列维纳斯的思想解释为对话哲学。这就是他与布伯争论的全部内容，*Noms propres* 和 *Hors sujet* 中的文字就是见证。

言说的真诚

1976年3月19日星期五

让我们再来看看这个问题。给予就是给予从自己嘴里撕下的面包；给予立刻就有了肉体上的意义。但为什么我们要做的不仅仅是给予，为什么言说能调节我们的责任？为什么需要言说？这个言说被表述为"我在这里"，表达出了主体并不假定任何主格的宾格。因此在这一言说中具有被动性，但言说似乎是一种行为，是对主体被动性的否定。因此这个言说也必须是所说（Dit）的言说。那么，在责任中是不是偷偷地重新引入了对先于责任的真理的指涉？这难道不是重新确立了表象的优先性吗？换句话说，作为言说的语言的含义是什么？[1] 我们在这里所呈现的可以被视为"对话的哲学"。事实上，我们质疑对话是语言的首要形式。在此之前，如前几课中所说的，语言是一种见证。

尽管禁止自我封闭，但展现本身也会变成一种痛苦的立场，变 成自满、膨胀的实质和骄傲（包括在自己身上寻找安宁的行为）。劫持翻转成实质，在主体的被动性中存在着一种不可吸收的行动的剩余，就像在自我中存在着一种行动的剩余，这种剩余有可能成为呈现的人物，并以圣人的形象出现。这样一来，对他人的义务似乎就有了一个界限，可以休息，可以被清偿。

---

[1] 请看同一门课程1976年3月5日那一讲的注释[1]。

与此相反，随着间隔的产生，与他人两相清偿的不可能性，与他人接近，成为一种越来越严格的义务。就像一种随着人的接近而变得越来越遥远的东西；就像一段越来越难以逾越的距离。使义务增长的是无限，是荣耀，或者说，距离越远，需要走的路就越多。

如果以这样的速度接近，要使被动性不被逆转为主动性，要使主体性毫无保留（即以缺失的方式）地表征，就必须有一种被动性的被动性，在无限的荣耀之下，必须有一种活动无法重生的灰烬。这种被动中的被动，这种对他人的奉献就是真诚——而这种真诚就是言说。

因此，言说不是所说的交流。当塔列朗（Talleyrand）声称语言的存在是为了隐藏思想时，他指的是作为所说的语言。一旦言说除了通过所说之外没有任何意义，言说就会与所说重叠，并被所说吸收。

对于没有所说的言说，就必须有一个永不停息的开口，并如其所是地开口。言说就是这种宣告（所有作为内部世界、内部性而建构的东西都必须被揭示）。必须使言说成为这一言说本身的言说，成为不会将自身主题化的言说，并暴露得更多。这是一种言说的自我反转，就好像它是一种暴露的暴露，而不是站在那里作为一种暴露的行为。因此，言说就是在暴露自己的过程中穷尽自己，把自己所做的事作为一种符号，而不是停留在自己作为符号的形象上。这样一来，言说就成了一种被动的难以摆脱的引渡，在其中，这种引渡把自己交给了他人，而不是确立自己的地位或实质。

因此，言说的重复是前反身性的重复，并将言说指称为言说的言说。[2]这正是"我在这里"的表达，这一表达除了发音和传递自

---

[2]　同样，根据《论来到观念的上帝》中的文字表述，唤醒也是一种重复，它必须唤醒失眠或觉醒，这是防止其继续沉睡、长胖或成为中产阶级的唯一方式。

身的声音之外，不与任何东西同一化。这就是我们应该去寻找语言起源的地方。

为了使自己成为一个符号而制造一个符号，这不是一种结结巴巴的语言——这是语言的极端张力，是为了他人的亲近从各个方面包围我，直到我的同一性。其潜能已经被独白和对话的逻各斯所放松，扩散到存在的可能性之中。对他人所做的符号已经是我们对符号的赠予，不带任何态度。换句话说，就是不可能保持沉默——这就是真诚的全部丑闻。在这种真诚中，存在着见证，而见证并不以经验为前提。

真诚不是言说的属性——言说成就了必须与给予相结合的真诚。它与给予密不可分，因为正是真诚开启了保留之地（真诚不是夸张的给予；任何推论都不可能成为无限的源泉；相反，推论和投射都要以无限的维度为前提，而无限的维度正是我们所声称的起源）。给予之手耗尽了它的储备，却无法隐藏任何东西。

真诚取消了言说在所说中的吸收。在所说之中，在词语的掩盖下，信息被交换，愿望被许下，责任被推卸。在所说中，有在场，有存在。没有任何一种所说能与言说的真诚相提并论，没有任何一种所说能胜任在真理之前的真实性，[3] 没有任何一种所说能超越在场和表象。因此，真诚是一种没有所说的言说，是一种无言的说，[4] 是一种符号的赠予。就像透明的忏悔，对债务的承认，对自我的谴责。

221

---

〔3〕 在此，我们会想到莫里斯·布朗肖在《在适当的时刻》（*Au moment voulu*, Paris, Gallimard, 1951, p. 83）中的一句话："我不愿用比真实更真的东西来诽谤真实……"

〔4〕 或者，如列维纳斯在1970年12月的一个早上所说的——他从未公开重复过这种大胆的想法——这是一种"没有思考的思想"。换言之，思想之所以不是 νόησις νοησεως，恰恰是因为它想的比自身更多。

符号的赠予（也许就存在于问候中）指的是什么？是一个人无所顾忌地将自己暴露给他人的真诚，是对他人的接近，还是不归结为任何存在论的责任？它证明了什么？这一宾格中，什么得到了完成？这种真诚的意义难道不是指向在亲近关系中得到完成的无限的荣耀吗？

这种荣耀是无法显现的。显现和在场会使它成为一个主题，由此它必须以表象的现在为起点——但这种无限性来自更遥远的过去，比记忆范围内、与现在同出一源的过去还要更为遥远。"债务"从未被欠下。它来自一个从未被再现过的过去，它抗拒再现，从未留下开端的印记。如果不立即与主体结合，不被存在的内在性及其有限性锁定，这种荣耀就不可能成为一种现象。可以说，这种荣耀是没有原则的：在这种无限性中存在着一种无端的因素。[5] 如果要表象荣耀，就会使它不得不将自己封闭在其中的主题打破。它意味着超越一切逻各斯，也就是主题化，意味着主体的引渡。

主体对从未在场但受到创伤的挑衅是敏感的，它对不可追忆的、不可再现的"深刻的过去"[6] 是敏感的。荣耀只是规定了先到者的被动性的另一面。在这种与他人的关系中，存在着一种他律，在这种关系中，我被剥夺了存在于我自己之中的开端、我与我自己的平等。这种他律是一种改变，不是异化，不是奴役，不是丧失独特性——正是因为没有人可以替代我，因为我是被选择的。

在亲近中寻求与无限者的关系，是让无限者保持其无限性的

---

〔5〕 在我看来，列维纳斯在这里证实了无端的无政府主义意识——无论有意还是无意，这并没有什么区别！我们不应忘记，实际上，"他们没有原则"正是斯大林对那些位于他"左翼"的人的基本指控。

〔6〕 保尔·瓦雷里本人也属于民族文学。下面两行诗出自《幻魅集》（*Charmes*）的《圆柱之歌》（"Cantique des colonnes"）："这是一个深刻的过去，／永远不够久远！"

见证方式。见证无限而不将其还原为存在，是一种关系，在这种关系中，无限不是通过预先假定或简单的延伸而获得的。我们只有在亲近与上帝的靠近中，才能谈论非存在论的上帝。对上帝的思考如果不以内在性关系为模式，那就是自相矛盾的思考。在伦理学之外没有超越的模式。一种别样的存在能够意谓的唯一方式是通过与我们的邻人的关系——而人文科学则将其简化为存在。寻找一个不属于存在论神学的上帝并不是充分符合客体的思考的结果。它必须意识到，它是从一个无世界的模式出发的，而与他人的关系是反意义（contre-sens）的。

无限的荣耀与见证

1976年4月9日星期五

灵感，作为心灵现象并不是他者在同一中的在场。在场适用
于知识和意向性，而知识和意向性总是在其能力范围内的知识——
被思者与思想之间的相关性和平等。在这里，我们谈论的是他者扰
乱或夺走的同一者的爆发。责任无法用在场的术语来表达。我对他
者的责任是一种要求，这种要求随着我们对它的回应而增加，是一
种不可能清偿债务的要求，因而也是一种不可能充分的要求：一种
对当下的溢出。这种溢出就是荣耀；正是有了它，无限才作为一个
事件而产生。对当下的溢出是无限的生命。他者在同一中的持守而
非在场，这就是时间性，因为这种关系的条件具有不可还原的非一
致性。[1]

无限者荣耀自身的方式（它的荣耀）不是表象；它在感召中产
生，在我对邻人的责任或伦理的形式中产生。伦理并不预设任何存
在论层面作为其本质。卷入这场情结中的自我是一个分裂的主体，
没有核心，它并不必须存在，但必须被替代。这个主体没有任何避
难所，它既不能隐秘地保护自己不被邻人萦怀，也不能短路地保
护自己的内在性。这种荣耀通过主体从其保留地的阴暗角落中走出
来而得到了颂扬，这阴暗角落就像亚当听到永恒的声音时躲藏的灌

---

[1] 根据第一门课程中所说的被思考的时间的意义。

木丛。[2]无限的荣耀是主体的无端，不可能有任何减损。它是真诚的，是对他人负责的表现。这种从隐蔽处走出来的方式——我在这里——是一种言说，其所说就在于说"我在这里！"，这就是荣耀的见证。

这一见证是真实的，它不可归结为去蔽的真理，也不讲述任何显现出来的东西。[3]见证的形式不是对话，而是一种不对称，是这种原始关系的根本不平等。差异变得越来越大，同时又是一种非-冷漠：一种界定差异的双重否定。在这个见证中，没有自我对自我的遮蔽，没有庇护或屏障。

献给他人的符号是标记意义的符号。符号因此失去了它的造型和可塑性——他者获得造型的瞬间，就会失去他的面容。逃避的不可能性是一种异乎寻常的境况，它逃脱了我不断躲避的概念。与克尔凯郭尔的想法相反，"伦理阶段"并不是普遍的[4]——但它是自我忘记其概念、不再知道其义务界限的阶段。相反，我们希望在自己的概念中寻求庇护，在概念中找到自己义务的界限。

但这是没有遮蔽物的暴露，就像烈日下没有遮盖一样，任何一丝神秘或不可告人的动机都会消失，而通过这些动机，逃避还是有可能的。无遮无掩的暴露，或"把脸伸过去挨打"[5]——在这里，脸颊首先转了过来，以示正义。与古格斯看见别人但不被看见不同，

---

[2]　参见《旧约·创世记》，III，8-10："那人和他妻子听见神的声音，就藏在园里的树木中，躲避耶和华神的面。耶和华神呼唤那人，对他说：'你在哪里。'他说：'我在园中听见你的声音，我就害怕，因为我赤身露体，我便藏了。'"

[3]　就这一点，请参见《别于存在》第5章的主要论述，他后来有一次讲座的标题即为"作为去蔽的真理与作为见证的真理"。

[4]　关于克尔凯郭尔的阶段理论，列维纳斯所欣赏的是其中表达出来的超越性的暧昧，但他批评其对伦理学的误解，就此问题，可参见《专名》（*Noms propres*）中的两篇文章。

[5]　《旧约·耶利米哀歌》，III，30："他当由人打他的腮颊，要满受凌辱。"

我在这里是被看到却无法看见。

见证并不把它所见证的东西主题化，因此，它只能是对无限的见证。所有其他的见证都是次要的或衍生的，其真理来自经验。在这里，见证是存在法则的一个例外：在见证中，无限揭示而不显现，不将自己作为无限显现。无限也并不向见证者显现；见证属于无限的荣耀。无限的荣耀正是通过见证者的声音来见证的（正是在这个意义上，上帝需要众人）。没有任何在场能够达到无限。在笛卡尔那里，无限的概念作为一个笨拙的住户，被安置在一个无法容纳它的思想中，表达了荣耀与在场之间的这种不相称。

这里所表达的被动性，比任何在言说或见证中迸发的行为的被动性都更为被动。外在性通过见证的真诚迸发而成为内在性：先知主义成了心灵现象的本质。内在性不是我内心的某个秘密之地，而 *226* 是无法进入主题的外在事件的倒转。无限是本质的例外，但它与我有关，环绕着我，用我的声音命令我。无限的外在变成了无限的内在，以我的声音为伪装，见证内在秘密的裂变，见证符号之赠予的裂变。

克洛岱尔（Claudel）在《缎子鞋》的序言中写下了这样一句葡萄牙谚语："上帝用曲线书写直线。"[6]

---

[6] 引自 *Autrement qu'être*, p. 187。

见证与伦理学

1976年4月23日星期五

227　　见证不是在对话中或通过对话来表达，而是通过"我在这里"得以表达。自我奉献，这种见证是一种自我敞开，在责任的要求得到满足的同时，也表达了需求的盈余。

正是通过这种见证，荣耀才得以荣耀。这是无限超越有限的方式，也是无限超越自身的方式。因此，无所说之言说的见证意味着无限的情结——情结而非经验，不是经验的情结。这个词指代的是，一个人不具有沉思主体的特权地位，却具有属于其中的东西。情结将分离了的东西重新联结，它与绝对的东西相联，而不将其相对化。这种在关系中分离的方式正是他性（Illéité）的特点。无限发生在"言说"中，这表明"言说"不可还原为一种行为或一种心理态度，不可还原为一种心态或一种思想，也不可还原为一个瞬间的本质。[1]

语言不会重复思想。无论言说通过字词系统进入所说的命运如何，言说本身就是见证。从"我在这里"所把握的言说中，我们可
228　以剔除任何所说；言说不是所说的结结巴巴的雏形，也不是信息流通的地方。没有所说的言说是一种给予他人的符号，主体通过这种符号摆脱了其作为主体性的隐秘身份。

见证不是作为表达、信息或征兆的补充，也不是指对无限的某

---

〔1〕　短短几行，这一段就为《别于存在》的思想画出了指导线。

种经验。无限从未被主题化，而对无限的经验没有不能主题化的。但我们可以与上帝建立一种关系，在这种关系中，邻人是一个不可或缺的时刻。《圣经》认为，认识上帝就是对邻人公正：

> 你的父亲岂不是也吃、也喝、
> 也施行公平和公义吗？
> 那时他得了福乐。
> 这不就证明他认识我吗？
> 耶和华的神谕！[2]

《新约》也表达了同样的意思：

> 当人子在他荣耀里、同着众天使降临的时候、要坐在他荣耀的宝座上。万民都要聚集在他面前。他要把他们分别出来、好像牧羊的分别绵羊山羊一般。把绵羊安置在右边、山羊在左边。于是王要向那右边的说、你们这蒙我父赐福的、可来承受那创世以来为你们所预备的国。因为我饿了、你们给我吃。渴了、你们给我喝。我作客旅、你们留我住。我赤身露体、你们给我穿。我病了、你们看顾我。我在监里、你们来看我。义人就回答说、主阿、我们甚么时候见你饿了给你吃、渴了给你喝。甚么时候见你作客旅留你住、或是赤身露体给你穿。又甚么时候见你病了、或是在监里、来看你呢。王要回答说、我实在告诉你们、这些事你们既作在我这弟兄中一个最小 229

---

[2] 《旧约·耶利米书》，XXII, 15—16。

的身上、就是作在我身上了。[3]

给予他人的符号是真诚，是荣耀荣耀自己的真实。只有通过他人的亲近，通过我对他人的替代，或者通过我对他人的赎罪，无限者才能获得荣耀。主体，在其心灵现象中被无限感召，由此包含了比它所能包含的更多的东西。因此，正如赫尔曼·科恩（Hermann Cohen）所说，人与上帝之间并无相关性。[4]

无限发生的方式具有伦理意义这一事实，并不意味着要构建伦理经验的超越论基础。没有什么伦理经验，有的只是情结。伦理是由无限与有限的不相关却有关系这一悖论所刻画的领域。这种关系使得无限并不包容有限，而是溢出有限，由此决定了伦理的情结。

伦理意味着对经验的原本综合的统一性的破裂，因此也是对这种经验的超越。它要求一个主体忍受一切，服从一切，以一种先于一切理解、一切听命的服从。在这里，他律转变成了自律，这就是无限的发生方式。这就是感召：从我不知道的地方接受了我是其作者的东西。

我们可以把这种倒转称为先知主义（prophétisme），在这种倒转中，对秩序的感知与服从者指向秩序的事实不谋而合。因此，先知主义是灵魂的心灵现象，是同一之中的他者，这里的……之中意味着他者对同一的唤醒。无限无须在场！它的地位太高，无法将自己推到最前沿或主题的位置。在"我在这里"这个见证上帝的第一句话中，上帝并没有被提到。甚至不能说"我相信上帝"。见证上

230

---

[3] 《新约·马太福音》，XXV，31-40（*La Bible de Jérusalem*, Paris, éd. du Cerf, 1986）。

[4] 关于赫尔曼·科恩的宗教哲学，可参见 Sylvain Zac, *La philosophie religieuse de Hermann Cohen* (Paris, Vrin, 1984)。

帝不是陈述这个词，就好像荣耀可以展示作为一个主题、论题或存在的本质。[5]

支配我的秩序不让我有任何可能将另一面朝上，无法像面对一个主题那样回到外在性，或者像对话那样在"你"中找到一个存在。他人的非现象性——像小偷一样，在我不知情的情况下在表象之外影响着我——是第三人称的他性。我在自己的声音中听到了命令，而不是在目光会像寻找偶像一样来获得权威的地方。这让人想起柏拉图的游荡的原因。[6]

在倾听他人之前的服从，是一种时空错乱的感召，比任何预言都更加自相矛盾。这是一种对命令的奇特服从，即在听到命令之前就已臣服。这一在任何誓言之前的忠诚，是同一中的他者，也就是时间，是无限的经过。[7]

---

[5] 作为对比，可参见《别于存在》中具有决定意义的第186页。

[6] 《蒂迈欧》，48a。这个原因属于原因的第二种，即不是"那些被赋予心智的原因，它们是公平和善良事物的创造者"，而是"那些被剥夺了智慧，总是产生没有秩序或设计的偶然结果的原因"。

[7] 关于这一点，参见第一门课程的观点。

从意识到先知主义

1976 年 4 月 30 日星期五

231　　见证可以而且必须被理解为一种不涉及揭示的显现，它不是一种在场或在场的表象。在这个意义上，显现是无端的——因此，显现是无限的。伦理学是一个领域，它勾勒出无限相对于有限的悖论（不是意见［doxa］，不是立场）。因为所有的经验都是理解；如果把见证视为无限与有限的关系，那么我们就可以谈论一种作为见证的经验的破裂。

　　因此，本课程的研究关键在于试图从意识和知识（以共-识［con-science］的形式出现，这是它的结构）中走出来，从在知识中得到确认的同一中走出来（因为知识在多样和多重中会重新发现同一）；对我们来说，主体的心灵现象（意识的深处）首先来自这一层面，而问题就在于从这一层面出发，走向先知主义，走向感召，走向一种灵性，在这种灵性中，同一没有得到确认或确立，而是他者在撼动同一。[1]

　　在先知主义或感召中，他者不是按照理解的结构存在于同一之
232　中，而是他者摇撼同一，直到使同一的内核发生裂变；在这里，存在着非-相容（non-coïncidence）（在这个意义上，它跟与自身相容，以及作为同一体十分稳定的瞬间相反），这种非-相容就是裂变和溢出。

―――――――――

〔1〕　参见第二门课程 1975 年 12 月 5 日那一讲的最后一个注释。

204

他者对同一的这种撼动，标志着时间本身的异时性，它不可能在任何最后一个音节上结束。[2] 这种韵律是时间向无限的上升，是与无限的距离，是向其高度的转向，是在其异-时性中的时间。因此，时间不仅不意味着存在的朽坏，反而意味着向上帝的上升，意味着超-脱-本质，超越存在的过程，意味着从"本质"中走出。

在见证中意指自身的无限并不在其见证者面前，也不能像说到一个名字一样说到它。它在回应其召唤的"我在这里"的宾格中，得到了过度的证明。命令我的秩序让我没有任何可能回到无限，就像回到一个主题中的名字一样。[3] 因此，上帝摆脱了客体化，甚至不存在于"我-你"的关系中，它不是"我"的"你"，不是对话，也不在对话中。上帝是第三者或他性（Illéité）。我服从的秩序来自我只在自己的言说中听到的理解。

在我自己的言说中发出的命令不是支配或约束，因为它让我与其来源没有任何关联。因为上帝并不在凝视者会用凝视来寻找他的相关性之中。作为他性，他是无限的，在凝视会对他产生影响并将他纳入逻各斯的结构之外。他所代表的是不可表象、无始无终、无端——一个无法对象化的不可追忆的过去。

但是，在与邻人的关系中，超越存在的运动可以成为存在论和神学，标志着在追溯无限的关系的非停顿中的停顿。从这种停顿

───────────

〔2〕 作为脉动（battement）的时间——他者在同一之中的脉动——正是第一门课程所思考的东西。

〔3〕 "作为一个惊心动魄的语义事件，上帝这个词抑制住了他性所造成的颠覆。这样一来，无限所具有之荣耀就将自身关进了一个词里，并变成了存在。但它又已然在拆解着它的居所并且推翻了所说，却并未因此而消散为无。唯其在自身之类型中独一无二，此一所说并不像词（因为它既非专有名词，亦非普通名词）那样把种种语法范畴紧密地结合起来，也不像意义（因为它是被排除于存在与不存在／无之外的第三者）那样把自身严格地折叠进种种逻辑规则之中。" *Autrement qu'être*, p. 193，中译本第353—354页。

中，产生了对美的偶像崇拜，这种偶像崇拜体现在它的轻率暴露、雕像般的停滞和可塑性上。在这里，目光取代了上帝。在与存在论相关联的神学中，上帝被固定在概念中；而在本质上属于圣像学的艺术中，超越存在的运动被固定在美中。神学和艺术保留着无法追忆的过去。[4]

在这里继续进行的研究是一种不寻常的研究，是在没有存在论神学的情况下对上帝的探索。上帝这个词是独一无二的，因为它是唯一一个不会熄灭、窒息或吸收其言说的词。它只是一个词，但它颠覆了语义学。荣耀将自己包裹在一个词中，使自己成为一种存在，并在其中安了家。这个词一说出来，就不符合语法范畴（既不是专有名词，也不是普通名词）。上帝这个词的所说其意义来自见证，而纯粹的主题化，忘记了上帝一词在其中出现的伦理情结，或将其插入语言体系，试图重新夺回这个词的意义；但这种滥用的陈述立刻就被禁止了。在这里，不存在不是简单的虚无，而是被排斥的第三者。这里有一种对在场的拒绝，但这种拒绝立即被转化为我的在场，被思考到底：转化为对我的在场的征用。

但是，既然不可名状的上帝被称作上帝，既然哲学通过神学或存在论神学将上帝主题化，也就是说，将上帝回归到作为一切意义之源的存在的本质，那么我们就必须自问，这个非存在论的上帝与以存在论为话语的哲学之间是什么关系。哲学话语主张一种终极
234　的圆融和融贯。如果神学为了宗教的利益而从哲学话语中夺取任何领域，它就会立即被认为是在哲学上无效的——或者是一个需要重新探究的领域。哲学宣称它的思想与它所处的存在之间存在着一种

---

[4]　关于这一点，参见《现实及其阴影》(*La réalité et son ombre*), *Les Temps modernes*, novembre 1948 以及 *Autrement qu'être*, p. 191, n. 21。

一致。对思想而言，这种一致意味着它无须思考存在行为之外的东西，也无须冒险去思考会改变其先前属于存在过程的东西。因此，像"存在的思想"这样的表达就是同义反复——只有通过思想与存在（=意义）的同一化展示于曲折冒险中，并不得不通过这种曲折冒险时，这种同一化才是合理的。

因此，这种思维，哲学话语，必须能够包纳上帝，无论上帝的概念是什么。对这种思想而言，思考上帝就意味着上帝位于存在的过程之中，而思想并不脱离这一过程。由于属于存在的过程，上帝作为一种存在者被置于其中，并被视为一种卓越的存在，一种至高无上的存在者，那最卓越的存在着的东西。正是以这种方式，上帝作为被主题化、被引入存在进程的存在者"进入了哲学"。[5] 而我们在这里所寻找的上帝，则意味着超越存在的东西，这一点令人难以置信。那么，人与超越人的东西之间怎么会有关系呢？如何思考在其超越性中外在于存在的东西呢？哲学的历史就是对超越性的破坏，对内在性的肯定，而理性神学从根本上说是存在论的，它用高度的副词来表达这种超越性：上帝卓越地存在着，意味着超越一切高度的高度。

但这种高度还是存在论的吗？它不是与内在性决裂了吗？高度的形式难道不是借鉴了我们头顶的天空？"我头顶的星空和我心中的道德律"，[6] 这句康德的名言，难道不是在谈论不可主题化的东西吗？

由此产生的问题是，持守于存在本质的意义——哲学的意义——是否已经是意义的限制、衍生或衍生物，甚至是意义的影

---

〔5〕 参见第二门课程1975年11月14日那一讲的注释〔1〕。

〔6〕 *Critique de la Raison pratique*, trad. R. Picavet, Paris, P.U.F., 6ᵉ éd., 1971, p. 173.

子？与本质，与存在的本质相等同的意义，难道不是已经在在场的基础上——它修饰着同一的时间——被触及了吗？这个问题隐含着一种可能性，即从这个意义出发，回到一种不再以存在或存在者的方式来言说的意义。这个问题追问的是，在内在性与同一性的可理解性之外，在当下意识与存在意识之外，是否会出现一种作为另一种理性的意义，一种超越性的理性？在存在之外，是否会出现一种意义，它的优先性，即使被转换为存在论的语言，也可以说是先于存在的？

　　需要指出的是，在谈到超越存在与存在者时，我们并不一定落入意见的话语中，信仰也不意味着这种语言。恰恰相反，信仰与意见（信仰的意见）说的是存在的语言。也许没有什么比意见和信仰（以及信仰的意见）更少与存在论对立的了。[7]

---

〔7〕　信仰的意见是其 δόξα，在柏拉图的意义上，也在胡塞尔的意义上，也就是说，它的理论本质，它作为一种信仰的本性，假定了它所相信的东西。

失眠礼赞

1976年5月7日星期五

现在，我们的课程又回到了最初提出的问题：难道我们不能思
考或谈论一种不涉及存在和存在论的理性或意义吗？

我们是在旅程的尽头重新提出这个问题的，这条道路把我们
带到了一个与经验无关的见证的概念中，在这个见证中，与有限性
相关的无限性使有限性不安，或者说唤醒了有限性；这相当于作为
感召的心灵现象，在伦理情结的意义上得到了具体的理解。因此，
我们将这种经验在见证中的分裂，这种他者对自我的刺激，解释为
时间的异时性。这样，时间就会被理解为上帝的关涉，即朝向上帝
自身——在被解释为纯粹的缺陷、易逝或非永恒的同义词之前——
换句话说，是与传统的上帝观念截然相反的东西。就仿佛在时间
性中，产生着一种与"时限"（terme）的关系（但这真的是时限
吗？），它是与存在和虚无相关的第三者——被排除在外的第三者，
由此，它也是一个不按照存在论神学的方式来设想的上帝。我们还
注意到，在与上帝的关系中，上帝作为第三者（作为既非存在也非
虚无的他），与对象化和对话保持距离，然而，在这里所寻求的论
述中，这个时限却致命地经历了主题化和对象化，而理性神学正是
在这种主题化和对象化中找到了它的起点。这种主题化甚至连天真

的信仰也会经历。[1] 这又回到了最初的问题，即非存在论的意义的可能性。

我们必须以一种更彻底的方式，重新审视醒悟与精神或理性的概念之间的区别，前者是一种不安，是他者对同一的摇撼，后者则构成了我们称之为意识的衡量世界的思想。因此，为了解释存在论，还必须直接触及意识与存在之间的相关性问题。

对哲学而言，意义与表现是一致的，就好像存在的事务、存在的作品、存在的姿态或存在的史诗都是通过可理解性的方式进行的。正因为如此，哲学才始终依附于存在（无论是存在者还是存在者的存在）。它是知识的阴谋，是经验在清晰与模糊之间的冒险。从这个意义上说，这种冒险并不仅仅是少数人的偶然之举，而是体现了西方的精神性，在西方，知识是存在的产物。

在这里，知识、思想和经验不能被还原为仅仅是外在性在内心深处的反映。反思的概念并不只属于知识。要理解反思所定义的可理解性，我们必须追溯到比意识本身更远或更早的时代。意识关涉一种更古老的方式，它源于这种方式，或者说，它被这种方式所证明，并发现自己被这种方式所证明。这种模式恰恰就是警醒（veille），它并不在于守望（某物）。[2]

意识的所有开放都已经是朝向守望者所守望的某物的敞开。但我们必须想到一种先于意向性的敞开，一种不可能隐瞒的原始敞

---

[1] 因为信仰是天真的，所以它是意见，或者说它无法阻止自己成为意见（见本课程上一讲最后一个注释）。归根结底，这就是为什么没有什么比康德的主张更让列维纳斯感到陌生的了，康德的主张就是"悬置知识，以便给信仰腾出位置"。*Critique de la Raison pure*, Préface de la seconde édition, trad. citée, p. 24. 中译本第17—18页。

[2] 关于这一概念，参见《论来到观念的上帝》中的《从意识到守夜——从胡塞尔出发》一文。

开；一种传唤，一种隐藏于自身中的不可能性：失眠。（失眠这个词很贴切，因为我们永远无法设想说一种"朝向失眠"！）作为失眠守夜的一种方式或改变，意识才会意识到，并因此聚集在存在和在场之中；这是一种必要的修改，并在守夜的某种深度上为自己辩护。[3]

失眠不能被定义为对睡眠这一自然现象的简单否定。睡眠总是处于清醒（réveil）的边缘，它在试图摆脱守夜的同时，也在与守夜交流；（《雅歌》中说："我睡着了，但我的心在守望。"[4]）它始终关注着守夜，守夜威胁着它，并以其紧迫性召唤着它。

失眠的范畴并不能归结为同一同义反复式的肯定。如果在意识中，已经停滞的守夜应该转向一个聚集于在场之中的内容，那么守夜就不会回到那样一种守望之中，后者已经是对吸收我们、我们在其中熟睡的同一化的寻求。失眠作为一个范畴或元范畴（正是在此，元具有其意义），并没有被列入一个基于确定性活动的范畴表中，这种确定性活动将施加于他者，作为来自世界统一性的给定，以巩固或保证他者的重心。失眠在其形式上的平等的中心受到了他者的质疑，他者挖空了渗入到安宁、在场和睡眠中的一切，挖空了所有同一化的东西。失眠是对同一性的安宁的破坏。

这就是失眠的不可还原性：同一中的他者并没有使同一异化，而是又唤醒了同一（正如我们所见，这个在……之中必须被理解为时间的异时性）。清醒是一种要求，是一种少中之多，这

---

[3] 我们会注意到，在此，由《从存在到存在者》所提出的对失眠的分析翻转了，它可以由第二门课程中引用的《别于存在》的话（1976年2月27日那一讲的注释[8]）所证实。关于这一点，请参见一份古老的研究文本，"Pour une approche de la question du neuter", *Exercices de la patience*, n° 2, 1931, p. 37 *sq*。

[4] 《旧约·雅歌》，V，2。

个"在……之中"应该被置于引号中，因为它同时也是在……之外。通俗地说，这就是心灵的精神性——但却是在其状态中、在其心灵状态中不断清醒的心灵。这里有召唤的被动性，一种没有假设的被动性，或者有一种从持守存在中清醒过来的主体的主体性。这种失眠的形式主义比包裹在场的形式更为形式化；它是虚空的形式主义，是缺口或裂变的形式主义。因为没有意向性的失眠或守夜，无趣的觉醒（从 dés-inter-essée 的词源学意义上说），并不召唤形式（不是召唤形式的物质性）。在这里，形式并不停止其自身对形式的汲取，也不包含其内容——它象征着绝对无内容（或无限）。

意识已经与这一情节决裂：它是同一性，是存在的在场，也是在场的在场。但是，"在场"只有通过意识本身从一切沉睡中清醒才是可能的。因此，意识来自失眠，即使这种通过自我意识进入自身的方式从根本上说是对他者的遗忘，即使自我的自由仍然只是一个醒着的梦。在场只能作为在场的不断重复：作为再-现。再-现是返回的可能性，是当下存在的可能性。感觉的统一性，即"我思"，绝不是使 240 在场变得纯粹主观的方式。经验背后的"我思"的统一所实现的综合（synopsie）构成了行为，即作为行为和在行为中的在场。这种综合是当下现实化的必要条件。现象的现实性正是意识的活动。

因此，在场有着一种极端的张力，直到它分解为主体所创造的经验；有一种对在场的夸张，在其中，在场返回自身，并实现自身。这是一种对存在的夸张，对在场的哄抬价格，是无法逃避和回避的。因此，在这里我们发现了一种通过清醒来实现警醒的方式。但这始终是一个警觉和关注的问题，而不是向他者的展现。因此，这已经是对失眠的空洞形式主义的一种修正。

一切在过去消失的事物都会在历史中被保留、记忆或重新发现。一切能够充实意识领域的事物都曾被接受或感知过。对意识而言，过去总是现在的变样：如果没有在场，任何事情都不可能发生。超越论的主体性就是这种在场的形象。因此，在意识中，在场的过程是在法则上同时进行的。

主体性的过程并非来自外部。正是当下的在场构成或暗示了意识，即主体的。哲学不仅是关于内在性的知识，它本身就是内在性。经验的概念与统觉的统一性相关；它与在场密不可分；它与聚集的概念（海德格尔意义上的Sammeln）相关联。[5]

但并非所有的意义都会转化为显现。为了他人并不立即等同于显现自我。"为他人而受苦"是有意义的，在其中，知识纯属偶然。因此，我们必须明白，知识的冒险并非意义的唯一模式或主要241模式。我们必须质疑经验是否是一切意义的源泉。这并不是否认哲学本身就是知识。但是，知识作为意义的可能性并不等同于所有意义都必须还原为展示。正是基于这一点，我们提出了"真理的异时性"这一观念，在其中，所说应该被解说（dédit），而作为结果的解说也必须再次被解说。

还应该指出的是，作为显现的会聚的内在性和意识并没有被情感状态的现象学解释所颠覆，后者将情绪或忧虑置于意识的核心。在起源于胡塞尔的现象学中，并不存在对表象的真正动摇：表象是一切情感和意志生活的基础；心理现象是表象的，只要它是意向的。在海德格尔那里，问题要复杂得多，但我们仍然可以在他那里找到这种显示、显现的思想，它仍然是意义的必然结果。

但至少我们必须回想起笛卡尔那里无限观念的情形，在那里，我思在它无法容纳的东西的冲击下爆发了。

――――――

〔5〕 这十分准确地表明了列维纳斯对海德格尔的阅读。"歪曲抑或误解？"《别于存在》第49页的第28个注释这样问道。现在可以回答了："至少，这种歪曲不会成为否认债务的方式。债务也不会成为遗忘的理由。"

经验之外：笛卡尔的无限观念

1976年5月14日星期五

存在与意识的相关并不来自某种接受事件反映的思想的偶然附加；它来自存在能量的根本的理性主义。肯定（也即存在的肯定）作为显现而展开，并成为肯定它的意识。意识是存在居留的持存，是存在的内在性。存在的在场在表象中得到肯定和确认，就好像表象是对在场的强调，是对在场的把握和重复。在此意义上，意识就是表象，它的结构不会因为情感和意愿的意向性的发现而动摇。

现象学的发现在于坚持这些状态不可还原的目的性，坚持能够颠覆表象之镇定的焦虑。颠覆，就是说，不是简单地提供一种细微差别，而是构成一种通路——就像恐惧和战栗构成通向神圣之感的 方式一样。[1]因此，现象学为理解心灵现象提供了新的元素——但表象的特权并未受到质疑，因为这些情感状态仍被称为情感经验。

如果说在胡塞尔那里，表象的基础依然存在，[2]这并非偶然。胡塞尔在非表象状态中揭示的表象基础，与其说是一种平静，不如说是一种跨越多重性、始终积极的确定同一性的活动。剩下的既是聚集——意识的内容通过它成为某种同一化了的东西——也是意识的清醒，它让任何东西都无法逃脱。存在论的优先性并未受到意向

---

〔1〕 这就是鲁道夫·奥托（Rudolf Otto）在他关于神圣的论文中的观点，参见 *Le Sacré*, trad. A. Jundt, Paris, Payot, s.d.。

〔2〕 因为意向性的延续。

性的质疑。

只要情感性被视为一种倾向：它的愿望可以在快乐中得到满足，也可以在痛苦中得不到满足，那么对情感性基于表象的解释就是成功的。欲念（concupiscence）（在帕斯卡的意义上）[3] 的所有愿望都可以还原为表象——但并不能确定所有愿望都是迷乱的。在作为意识的情感性之下，始终能找到存在论，而实现了的欲望就是含有同一性的欲望。但是，在种种倾向趋向终结的地方之外，还可能爆发出一种情感，它不符合意识的描绘，并使我们远离经验；换句话说，它并不归结为经验：这就是超越。

也许有人会问，一种植根于宗教关切、但又不愿仅仅局限于教会权威的思维方式，能够通过提及宗教经验而获得什么？这种思维方式作为一种经验，已经涉及了我思，并完全转向经验哲学。对宗教经验的叙述，只要它是一种叙述，就不会破坏哲学在完善叙述时所要表达的内容；因此，它不会动摇以哲学为完成的当下。上244帝一词有可能从宗教走入哲学。但哲学认为，上帝一词所蕴含的宗教话语是由主题命题构成的，是在揭示的基础上被赋予意义的。宗教经验的讯息没有其他含义的意义。宗教启示已经与哲学的揭示同化。话语除了说出所见所闻、外在或内在于所见所闻的东西之外，是否还有除了存在的显现之外的其他意义，这仍然是不可想象和不可预期的。因此，宗教存在将它的经历解释为经验，结果它从存在的角度解释它声称经验到的上帝。因此，我们不可避免地要回到内在性，在我们的传统中，上帝的哲学成为一种存在论，这绝不是偶然。

---

〔3〕 帕斯卡这样说道："它可以每天都变小，但却永远不会走向终结。"参见 *Pensées et Opuscules* (éd. Brunschvicg), Paris, Hachette, s.d.。

因此，本课程所提出的问题就显得尤为重要：话语是否可以意味着其他东西而不是一个主题？上帝是否意味着命名它的宗教话语的主题？

宗教经验中的上帝的主题化，已经缺少了打破我思统一性的无限之情结的过度。这种遗漏或掩盖过度的可能性，意味着将真理划分到两种时间之中——直接的时间和反思的时间——但这种划分应当审慎，它不会导致一种从属于另一种。在这种划分或二元性中，存在着一种特殊的意义结构：作为异时性，必然有着两种时间的意义，因此，这种意义排斥综合。这种异时性——吻合又不吻合——或许正是超越的意义所在。

笛卡尔在沉思上帝的概念时，以无与伦比的严谨勾勒出了一种
245 直指我思的分裂的思维过程（分两种时间）。首先，笛卡尔把上帝看作一个存在者，一个卓越（éminemment）的存在者，一个如此之卓越的存在者。面对上帝的观念与存在的观念之间的这种接近，我们必须自问，修饰上帝存在的“卓越”是否指的是高度，这高度超越我们头顶上的天空的高度，这种高度的超-脱-本质，从而也是对存在论的溢出。无论如何，笛卡尔保持了一种实在论的语言，将上帝的尺度解释为生存（exister）的最高级。

然而，笛卡尔不可超越的贡献并不在此，而在于意识的断裂，这种断裂不是无意识中的压抑，而是一种清醒或觉醒。如果你愿意，也可以说这是教条主义沉睡的苏醒，但我们必须意识到，使用这一表述是在犯同义反复的错误。在笛卡尔对无限观念的分析中，我们总能发现这两种时间：

1. 上帝是思维的被思物，有一个上帝的观念
2. 上帝是超越一切能力的不可包容的卓越之物

因此，上帝的客观实在性导致祂的形式实在性显露了出来——这或许就是推翻意向性的普遍有效性和源初性之所在。上帝摆脱了思维-被思物（cogito-cogitatum）的结构，指向了无法被容纳的东西。正是在这个意义上，上帝的观念打破了思想，而思想总是保持着概括和综合，总是封闭在在场之中或重新在场，使自己回到在场或让其存在。

在这里，上帝的观念被置于我们之中。在这种置放中，有一种独一无二的被动性，因为它是我们身上无法承担的置放。也许正是在这种超越了任何可承担的被动性的被动性中，我们必须认识到警醒——我们必须认识到失眠，后者的意识已经是被存在惊呆了的方式，失眠是教条式沉睡的不可能性。[4]

一切就好像是，无限中的否定并不意味着任何否定，而恰恰意味着无限的观念，即在我之中的无限。仿佛觉醒的主体性的心灵现象等同于有限中的无限。就好像——没有任何文字游戏的意思——无限（infini）中的在（in）既可以理解为非（non），也可以理解为在。在这里，否定的诞生不在于否定的主体性，而在于无限的观念本身，或者说，在于作为无限观念的主体性。正是在这个意义上，无限的观念才是真正的观念，而不仅仅是我通过对有限的否定所设想的观念。

因此，我思的现实性被以无限观念的形式出现的东西打断了，以无法包容的方式，它不是意向性意义上的思想，而是承受——在第二次意识中，无法包容承受了最初声称要承受它的东西。事实上，笛卡尔在获得了我思的确定性之后，在第二个沉思的最后几行

246

---

[4] 因为沉睡是独断论的，同样，独断论也是一种沉睡。比较前一节课的内容。

让自己稍作停留，[5] 然后在第三个沉思中肯定地说：

"我不应该想象我不是通过一个真正的观念，而仅仅是通过有限的东西的否定来领会无限的，就像我通过动和光明的否定来理解静和黑暗那样；因为相反，我明显地看到在无限的实体里边比在一个有限的实体里边具有更多的实在性，因此我以某种方式在我心里首先有的是无限的概念而不是有限的概念，也就是说，首先有的是上帝的概念而不是我自己的概念。"[6]

在我之中的无限概念只能是被动的。被动性不能等同于感受性，因为被动性是一种断裂，而感受性是一种恢复（我们在感受性中"控告打击"[accuse le coup]）。断裂是一种比任何被动性都更为被动的被动性；它就像是一种创伤，在这种创伤之下，上帝的观念被置于我之中。这种"置于我之中"在苏格拉底的世界中是一个丑闻！这个"置于我之中"的观念放弃了苏格拉底所有的高贵。[7]

无限的观念描述了一种令人惊讶的被动性，一种不可承受的敏感，比任何开放都更加开放。将一个观念置于我的内心，颠覆了意识朝向自身的在场，迫使所有渗透到意识中的事物都受到障碍和争议的束缚，克服了接受所有从外部渗透进来的事物的义务。

因此，这样一种观念，意味着一种先于在场的意义：一种无端。它是一种在踪迹中示意的观念，不在展示自身时穷尽自身，不

247

〔5〕 参见 Descartes, *Œuvres et Lettres*, éd. citée, p. 283："可是，因为几乎不可能这么快就破除一个旧见解；那么，我最好在这里暂时打住，以便，经过这么长的沉思，我把这一新的认识深深地印到我的记忆里去。"中译本参见笛卡尔：《第一哲学沉思集》，庞景仁译，北京：商务印书馆，1986年，第33页。下同。

〔6〕 *Ibid.*, p. 294. 中译本第46页。

〔7〕 这个"苏格拉底的丑闻"也是克尔凯郭尔沉思的东西，至少在他的《哲学断片》的第2章中是如此，参见 *Miettes philosophiques* (trad. P. Petit, Paris, Le Seuil, 1967)。

从表现中获得意义。它打破了作为哲学基础的存在与显现的重合，打破了综合。从这个意义上说，它谈论了异时性本身。一种比表象在其存在中保留的可记忆的思想更为古老的含义。

这种比展示更古老的含义意味着什么？这种含义的古老性（antiquité）意味着什么？如何具体化这种作为创伤之觉醒的古老性呢？要这样来理解它，就好像我们心中的无限观念是一种迫切的要求；就好像含义是一种既定的秩序。

一个"超越到不在场"的上帝

1976 年 5 月 21 日星期五

248　　我们不应该在无限对有限的否定中（作为判断事件的否定，在其抽象性和逻辑形式主义中被理解）来解释无限的观念或思想中的无限。恰恰相反，无限的观念才是有限之否定的恰当的、不可还原的形象。无限的"无"不是任何"非"，它的否定是主体的主体性，是先于或后于意向性的主体性。

　　在这个意义上，无限与有限之间的差异——以一种细腻的方式——是无限对有限的非-漠视，是主体性的秘密，如果你愿意，也可以说是它自身。置于我之中的无限的形象——根据笛卡尔的说法，这个无限与我的出生是同时的 [1]——意味着，"不能通过思维来理解无限"不是一种否定的关系，而是一种与这个思维的关系（我们不知道是否还可以把它称为思），这种思维是一种被动的思，它几乎是茫然的，它并不理解它的被思物——这种思并不急于在意识目的论的项与这个在存在中被赋予的项之间实现相即性，它走向它意向性的项，并在表象中加入在场。

249　　在这里，我们找不到自发的运动。不能通过思维理解无限，就意味着思维的条件（或无条件）——仿佛说有限不理解无限，就等

---

[1]　　参见 Descartes, *Œuvres et Lettres*, éd. citée, p. 299: "只能说它和我自己的观念一样，是从被我创造那时起与我俱生的。"

于说无限不是有限的平庸，仿佛它们之间的差异必须停留在这种语言抽象的层面。事实上，无限无须对自己添加什么以触发主体性。正是无限性本身，它相对于有限的差异性，已经是它相对于有限的非－无－差异。这并不回到一种不理解其被思物的思，而只是无限触发着思。无限触发着思，同时也破坏着思；无限通过破坏思来触发思，从而召唤思。它把它放回原处，并以这种方式使它就位：唤醒它。

这种唤醒不是对无限的欢迎，也不是沉思或设想（assomption）——两者对于无限观念所质疑的经验而言都是必要且充分的。无限的观念并不像中了箭而唤醒的爱那样承担自己，它就像灵魂的状态，在这种状态中，被震惊的主体立即发现自己又回到了自身的内在性之中。无限恰恰意味着在其表现之内，即使在……之内的意义必须以某种方式显现出来，意义也不会归结为表现。[2]

这一与表象的情结不一样的意义的情结是什么呢？它与无限 *250*
的畸形（monstruosité）交织在我之中，成为不再是观念的观念。觉

---

[2] 参见《别于存在》中这几行（第56页，中译本第115—116页）："此一令人吃惊之言说，作为对于他人的责任，与存在的'风浪与潮汐'相逆，其乃本质之打断，其乃以好的暴力强制规定下来的某种无私/无是。但这一令人吃惊的言说，……却必须从上述这些袭击它的问题之沉重中挤到光天化日之下来。它必须将自身分布和聚集在本质之中，必须将自身置立起来，必须将自身实体化，必须变为意识与知识中的流溢而成者，必须让自身被看到，并且忍受存在对于它的控制支配。伦理本身在其作为责任的言说中所要求的一种控制支配！然而，也必须召唤哲学，以使那所发生的光不会将那超过本质之处凝固到本质之中，以使一个流溢而成者的实体不会被树立为偶像。通过松动存在的这一控制支配，哲学使此惊人冒险——被显示和讲述为一种本质的冒险——成为可以理解的。哲学家的努力，以及其与自然相逆的地位就在于：一方面，于指出那尚未及于之处时，立即将那在所说与显示中获得胜利的流溢而成者还原；而另一方面，尽管进行这样的还原，却又以模棱两可为形式——以异时性的表达为形式——而保存所说，保存那被还原掉的所说之回声，因为言说轮流地是对所说的肯定与否定/撤回。还原不可能仅由括号来实现，括号只是书写的成果。对本质的伦理性打断才是那供给还原以能量者。"

醒的创伤的意义是什么？在这种创伤中，无限无法将自身定位为主体的相关者，也不能成为它的同时存在者。如果超越作为一种关系必须排除每种关系以保证其条件的最终的、最正式的共同在场，那么它是如何被设想的？一种关系如何能否认其相关项的同时性（contemporanéité）？这显然是一个形式上无法解决的问题！

但是，无限的"无"指向了情感的深度，通过这一深度，主体性受到了这种理念的放置的触发，这是一种无法把握的放置。它表明了任何能力都无法包含，任何基础都无法支撑，在其中任何包围进程都将失败，封闭了内在性后门的螺栓都会跳脱的深度。这一没有思考的放置，就像燃烧的火焰一样摧枯拉朽，扫荡着这个地方。《圣经》用自己的方式表达了这一点：

> 看哪，耶和华出了他的居所，
> 降临步行地的高处：
> 众山在他以下必消化，
> 诸谷必崩裂，
> 如蜡化在火中，
> 如水冲下山坡。[3]

支撑之物屈服于被支撑之物。这就像一阵眩晕，眼睛看到的比它能看到的要多。就像皮肤的灼烧，触及又不触及——超越了可把握的范围——烧伤它的东西。

在这种被动性或激情中，可以辨认出一种欲望，它是少中之多，以最热烈、最古老的火焰唤醒了一种注定比思考更多的思想。

————————

[3]《旧约·弥迦书》，I，3-4。

欲望是情感或享乐活动之外的另一种秩序，在这种秩序中，欲望投入自身，达到并确定自身为需要的对象，在这种秩序中，表象与世界的内在性被重新发现。[4] 无限中的无的否定性挖掘出了一种无法被满足的欲望，它以自身的成长为食，将自身提升为一种欲望，并在接近可欲望之物时远离满足。欲望不会同化为需要。没有饥饿的欲望，也是没有尽头的欲望；对无限的欲望，就像对超越存在的欲望，这在超-脱-本质（dés-inter-essement）一词中得到了表达。超越性和对善的欲望。

但是，如果我心中的无限意味着对无限的欲望，那么我们能确定其中有超越性的发生吗？难道欲望不是恢复了欲望者和被欲望者的同时性，即使既没有景象也没有目标，但这里无疑有一条主线，即便很细，它仍然是一条线吗？难道欲望者不是从欲望中获得了满足，就好像他已经抓住了欲望？难道对无限的欲望的超脱本质不是一种有兴趣吗？在存在之外的善的超越性是否意味着一种冷漠，而善同时又指向了一种非-冷漠？

爱欲只有通过置于我体内的无限才是可能的，通过摧残和唤醒"少"的"多"，通过偏离目的论，破坏目的的幸运和幸福才是可能的。柏拉图迫使阿里斯托芬承认："这就是那些相互厮守终生的人，虽然他们兴许说不出自己究竟想要从对方那里得到什么。"阿里斯托芬知道他在说什么：从他们曾经所是的两个存在，变成一个存在（所以，爱欲有了欲求和追求整全这个名称）。他因此希望为爱恢复一个目的，从而满足人们的怀旧之情。但为什么这对恋人自己也说不清楚他们想要什么呢（每一个人的灵魂明显都还想要别的什么，

---

[4] 在《总体与无限》中（第3页，中译本第4页），形而上学的欲望"并不渴望返回，因为它是对一块我们根本不是在其中诞生的土地的欲望"。

却没法说出来）？ [5] 第俄提玛将爱的意图置于这种整体之上，但她会发现它是贫乏和不幸的。 [6] 爱在对被爱者的等待中得到满足；人们享受着在期待中起作用的表象——色情作品或许正是如此。无论如何，爱情就是这样的欲念，是我的投资。我思在爱中重构了在场。 [7]

欲望者——这种欲望者在维系被爱者的兴趣和情欲之外——的超越性是可能的吗？被无限所触发的我不可能走向一个与它的欲望相等的目的。接近拉开了距离，享受只是饥饿的加剧。因此，被欲望者仍然超越欲望。正是在这种项的颠倒中，欲望的超越性或超脱本质发生了。但是如何发生的呢？

通过无限的超越发生，正如善这个词所告诉我们的那样。为了使欲望中的超脱本质成为可能，为了使超越存在的欲望不再是一种吸收，被欲望者（或上帝）必须在欲望中保持分离：接近，但又不同——这也正是神圣一词的意义所在。 [8] 只有当欲望将我引向不可欲望者，引向卓越的不可欲望者，引向他人的时候，这才是可能的。 [9] 引向他人是对亲近的唤醒，是对邻人的责任，直到替代，这种替代是超越论主体的去内核（dénucléation）。

在这里，我们找到了没有情欲的爱的理念。超越是伦理的，主体性最终不是"我思"，不是先验统觉的统一，而是通过对他人负责
的方式，臣服于他人。自我是比任何被动性都更为被动的被动性；

---

〔5〕　《会饮》，192d-e。

〔6〕　同上书，201d。

〔7〕　这也是为什么，尽管列维纳斯对马里翁表示了某种同意，但在"爱"这个词上一直有所保留。参见 *Autrement que savoir* (Paris, Osiris, 1987) 中与这位基督教哲学家的交流。

〔8〕　参见第二门课程1976年2月6日这一讲的注释〔1〕。

〔9〕　不可欲望的他人，就是"不在于他容貌的恩惠，而在于他肉体的赤裸和悲惨"中被接受的他人（*L'Au-Delà du verset*, Paris, Minuit, 1982, p. 20）。

它是宾格的自我，而不是主格的自我。在他人的控告下，自我处于宾格的地位，尽管它没有过错，忠实于它从未做出过的承诺，忠实于它从未出现过的过去。因此，自我是一种觉醒或开放，这种觉醒或开放来自意向性的绽出中绝对的暴露和清醒。

这种无限在其自身的可欲望性中对不可欲望者的接近，可以用他性（Illéité）一词来表示。这里发生了欲望者的极度可欲性的非凡逆转，它唤起了欲望的诚实（rectitude），通过这种逆转，欲望者摆脱了欲望。善之善良使它所要求的运动偏离了作为欲望者的善而转向他人，并由此只能转向善。在这里，有一种比难以捉摸的诚实更高的不诚实；在这种不诚实中，欲望者将自身与它所召唤的与欲望的关系分离开来，通过这种分离或神圣，欲望者保持着第三者的身份，他处于你的深处。它不是让我充满善，而是迫使我向善，这比接受的善更好。善是存在的不足、浪费和愚蠢——但在存在之外，它是卓越和高度。这意味着，伦理不是存在的时刻，而是别样的，比存在更好。

在这种从欲望者到不可欲望者的颠倒和转折中——在这种接近他人的奇怪使命中——上帝从在场的客观性和存在中被剥离出来。他不再是对话的客体或对话者。他的距离或超越变成了我的责任：卓越的非情欲！

根据刚才的分析，上帝不仅仅是第一个他人，而且是他人之外的他者，异于他者、先于他人的他异性、先于伦理上的邻人的他者的他异性。因此，上帝不同于任何邻人。超越到了不在场的地步，到了可能与有（il y a）的混沌相混淆的地步。[10] 在这种混淆中，对

────────

〔10〕 为了不被束缚，超越性必须承担这种巨大的风险，这无疑是（转下页）

邻人的替代获得了无私和崇高，[11] 而无限的超越则升华为荣耀。这一超越可以说是异时性真理的真实，没有综合，高于被证实的真理。

为了使这一表达——超越到不在场的地步——不再是一个表达，就必须将其恢复到整个伦理情结的意义中，恢复到责任所涉及的神圣喜剧中，没有这一责任，上帝这个词就不可能产生。

————————

（接上页）列维纳斯钦佩布朗肖的原因。在布朗肖那里，"中性"表达了"有"。我们将详细引述很长但很重要的一段论述，其中最后一句直接提到了这种超越性的冒险，整段论述对本课程所涉及的许多主题都有不同的启示："我认为，莫里斯·布朗肖的作品和思想可以从两个方面来解读。一方面，这一作品宣告了一种意义的丧失，一种话语的分散，就好像人们发现自己处于虚无主义的极点，在那里，虚无本身不再能被平静地思考，而对于倾听它的耳朵来说，它变得模棱两可。意义，与语言联系在一起，成为文学，在文学中完成和提升自己，将使我们回到毫无意义的重复，比结构的残骸或可能进入结构的元素更缺乏意义。我们注定要走向非人性，走向令人恐惧的中性。但另一方面，请注意布朗肖的文学空间被排除在外的世界。一个人类的苦难都无法阻止其秩序化的世界，一个尽力安排自身的世界（没关系！这并不妨碍知识，而是使摆脱了一切意识形态的知识成为可能）；一个在陀思妥耶夫斯基的'一切皆可允许'的冷漠中被总体化的世界，这并不是因为它的无神论，而是因为它的精神性：所有法则的内在化使我们失去了差异。……事实上，没有什么比这样一个世界在其共时性的总体性中安排得好。没有比这更好的了。关于这个世界，布朗肖回顾道，它的总体性并不完全；它所拥有的融贯话语从未赶上它未能压制住的另一种话语，这另一种话语被一种不间断的噪音所干扰，差异并没有让世界安睡，而是扰乱了存在与非存在在辩证法中的秩序。这个中性之物既不是某个人，也不是某件事。它只是一个被排除的第三者，恰当地说，它并不存在。然而，它所具有的超越性却超过了世界背后的任何世界。" *Sur Maurice Blanchot*, Montpellier, Fata Morgana, 1975, pp. 50-52.

[11] 这一崇高"无视不崇高者"，同样，"某些一神论者不承认——尽管他们完全认识——那并非最高者之物"。《别于存在》，第223页，中译本第406页。

后记　论他人

时间、死亡和上帝

雅克·罗朗　撰

正如我在本书前言中指出的那样，我们刚刚读完的两门课程的 *257* 讲义彼此紧密交织在一起，共同属于《别于存在》以其晦涩主导的哲学空间。两者都需要注释，但性质不同，就像各自需要一套不同的评注一样。这里所做的一些说明，基本上是以为口袋版《死亡与时间》所写的后记为基础，然后加以补充。我们希望，连同这些注释，尤其是关于《上帝与存在论神学》的注释，能使读者正确理解我们不想掩盖的文本中的难点。

1. 创造历史。死亡、时间。它们不是主题，而是问题——思想不可能不遇到的问题。哲学在其历史发展的过程中从未停止过对这些词语的吟诵，但在此过程中却忘了命名存在。从某种程度上说，柏拉图是随着苏格拉底的死，随着他活着的话语的终结，以及后来著名的弑父之举而诞生书写的。但是，柏拉图的首要问题是灵 *258* 魂的不朽，而不是死亡——他似乎一直知道时间是什么：不动的永恒的流动形象。[1] 这些问题仿佛从一开始就在哲学的眼前，但同时又被束之高阁或过快地解决了。这些问题以无与伦比的活力再次出现在黑格尔和海德格尔的两部著作中，这两部著作自称汇集了整个

---

〔1〕　参见《蒂迈欧》，37d。

西方思想，并在某种意义上超越了整个西方思想。

因此，当列维纳斯转向这两位思想家以正面解决这些问题时，他的这种转向也就不足为奇了。不过，与这位哲学家已发表的著作相比，我们刚刚读到的两门课程中的第一门，在作者的著作（我认为它们都是列维纳斯著作的一部分）中具有非常特殊的地位。在已发表的著作中，哲学史出现在每一页上，但又没有离开其语境，而且是以暗指而非分析的形式出现。仅举一例，让我们回想一下《别于存在》中的这一奇特句子："精神的这种普遍的自我意识会产生多种多样的独特主体，'存在者们'，这些主体都直接地在经验中遭遇到：精神在其道路中搜集的尘埃，或因其完成的否定工作而在精神的额头上留下的滴滴汗珠。它们只会是一些可被忘掉的时刻，算数的只有它们在体系中的地位而获得的同一性，这一同一性又被吸收到体系的整体当中。"[2]毫无疑问，我们都会意识到这是一场与黑格尔的辩论或冲突——但我们必须承认，在谈论耶拿的这位思想家时，以及更广泛地说，在进行哲学辩论时，还有更传统的方式！

259　　这种情况令人惊讶。对于我们这些后海德格尔主义者来说，[3]我们不可避免地会感到惊讶——如果考虑到我们面对的是一位出版了第一本关于胡塞尔的法文著作，第一本关于海德格尔的实质性研

---

〔2〕 *Autrement qu'être*, pp. 131-132. 中译本第245—246页。

〔3〕 "海德格尔让我们习惯于从哲学史中寻找存在的历史；他的全部作品都致力于将形而上学带回到存在的历史之中"，课程中如是说（在此请注意，这些讲座的引文页码将不再列出，因为这些讲座就在本后记之前）。这句话在列维纳斯的另一句话中得到了回应："无论对形而上学的破坏多么彻底，在海德格尔的存在论思想中，西方形而上学仍然是他思想的土壤。"参见 "De la signifiance du sens", *Heidegger et la question de Dieu*, Paris, Grasset, 1980, p. 239。

究报告，并将罗森茨威格介绍到法国的哲学家，[4]这种情况就更令人惊讶了。但是，我们恰恰要考虑到，这位罗森茨威格——列维纳斯从未掩饰罗森茨威格对其思想起源的决定性作用，远远超过布伯——在《总体与无限》的序言中被说成"由于该书频繁出现于本书之中，以致我们无法标明对它的引用"。[5]似乎在列维纳斯那里，他对哲学史的研究与其思想的正确发展之间存在着严格的分歧，哲学史研究被降格为一种初步的地位，而其思想的正确发展当然可以借助回顾过去的哲学而获得帮助，但他并不觉得有必要与他们进行明确的辩论或真正的对话（在这种情况下，胡塞尔是唯一的例外）。在我看来，下面的命题清楚地说明了这种思维方式："但是，对哲学家来说，确定自己与黑格尔的相对位置，就好比织布工在织布之前，先把织布机架好，然后再开始织布。"[6]这是在先的，之后才会有作品的产生。根本上来说，如果他是亚里士多德，《形而上学》*260*可能就不会把 A 卷纳入其中了。

　　这也许就是有关本课程所需注意的第一点。因为，如果说在这里所展开的思想正是在他曾撰写过的著作中所追求的——更确切地说，是《别于存在》中刚刚写下的思想，那么，这一次，它是在与伟大的前辈和同时代人的对话和辩论中编织而成的。首先是海德格尔，他的在场是压倒性的，但同时在场的还有康德、黑格尔、布洛赫、柏格森和其他一些人。毫无疑问，因为这是一系列课程。但在我看来，这本身就是出版这些文本的另一个原因（这也许是这位思

---

〔4〕 尤其参见 *Théorie de l'intuition dans la phénoménologie de Husserl*, Paris, 1930; "Martin Heidegger et l'ontologie", *Revue philosophique*, 1932; "Entre deux mondes" (biographie spirituelle de Franz Rosenzweig), *La Conscience juive*, Paris, P.U.F., 1963。

〔5〕 *Totalité et Infini*, p. xvi.

〔6〕 "Un langage qui nous est familier", *Cahiers de la nuit surveillée*, n°3, 1984, p. 327.

想家教学活动的独特踪迹，他晚年才开始从事教学工作），因为它保留了课程的特点，我希望可以保留这个专事写作之人的话语。[7]

2. 相隔30年。关于对话中展开的思想，我们必须立即强调其关键点或原则性纲领，正如我们必须将这些课程置于列维纳斯思想的演变过程中一样。但在此之前，我们应该注意到，在这里进行的沉思——除了不可避免的重点转移，无论其结果是深化还是放弃这个或那个概念——凸显了列维纳斯半个多世纪以来思想的显著连续性，甚至是显著的统一性。在此，我们将结合构成本课程标题的两个术语——死亡和时间——来说明这一点。

如果说时间问题没有出现在1935年的那篇小论文《论逃逸》中，而这篇文章才是这一思想探险的真正开端，如果说死亡只是列维纳斯在战后不久的著作《从存在到存在者》和《时间与他者》[8]中被消极地提及，[9]那么这两个问题则被置于当前这一沉思的核心，它们各自独立存在，又相互联系。在我看来，为了充分理解他那时的思想，以及当时进行的一切如何与课程中提出的问题既相联系，同时又相背离，我们就必须转向1946—1947年间他在让·瓦尔的哲学学院发表的、以《时间与他者》为题的讲座。

虽然死亡在题目中没有出现，开篇也没有说明——"这个系

---

〔7〕　直到1961年，列维纳斯才在普瓦提埃大学获得了他的第一个教授职位，当然，人们可以在塔木德课程的不同文集中找到他教学工作的证明，但是，很明显，那时候他并不从事哲学教学。

〔8〕　都由Fontaine出版社发表于1947年（随后被Vrin出版社重版），1948年由阿尔托收在《选择、世界与生存》（Le Choix, le Monde, l'Existence）中；后来又由Fata Morgana出版社1979年重版。我（罗朗）使用的是最后那个版本。

〔9〕　"对纯粹存在的经验，同时也是对其内在对立的经验，以及对这种对立所要求的逃避的经验。然而，它将我们推向的出路并不是死亡。"参见由罗朗作序并注释的版本（De l'évasion, Montpellier, Fata Morgana, 1982, p. 90）。

列课程的目标在于展示，时间并不是一个孤立和单一的主体的所作所为，而是主体和他人的关系本身"（第17页）——但在这部著作中，死亡占据了决定性的位置，而且基本上是在1975—1976年的这一课程所接受的意义上被理解的。如果说死亡终究是无可否认的毁灭，那么它更深刻的地方则在于它的未知。然而，"我对死亡的未知意味着人类与死亡的关系无法在光照下发生"，[10] 因此，"主体与那些并不来自他的东西发生关系"（第56页）。这种关系与所有在光中发生的关系形成鲜明对比，在光中，"被照亮的对象既是我们遇到的某物，但由于它被照亮这一事实本身，我们遇到它就好像它来自我们自身一样"（第47页）。与此相反，与死亡的相遇是一种与绝非来自我们之物的关系。因此，死亡揭示了"主体的被动性"，同时"揭示了一个主体不是其主人的事件，一个主体不再是其主体的事件"（第57页）。在这一意义上，死亡可以被称为一个神秘（mystère）（后来，列维纳斯更喜欢用谜〔énigme〕这个词），如果我们用这个词指的是某种东西——事实上是卓越的非-客体——无法被占有、无法被理解、无法被把握，甚至无法被预期。这样，与死亡之谜或未知的关系就是与他者的关系。"这种对死亡的接近暗

262

---

〔10〕 为了搞清楚光照的意义，在此有必要引用《从存在到存在者》一书第74—75页的几行文字："自柏拉图以来，无论光照来自可感知的太阳还是可理解的太阳，它都制约着、决定着一切存在。无论它们与领悟力之间相去多远，知、情、意都首先是经验、直觉、明视或力图变得明晰的视觉。……充满了我们宇宙的光，无论从数学物理的角度如何解释，在现象学意义上都是现象——也就是意义——的条件：客体在存在的同时也为了某人而生，它注定属于他，而且已经俯向一个内在——但没有完全被那个内部所吸摄——并将自己给了出来。来自外界的——被照亮的——事物可以被理解，这也就是它来自我们自身。由于光的存在，所有的客体才是一个世界，也就是说属于我们的。所有权是世界得以构成的要素：由于光的存在，世界才被给予我们，才能够被领会。"中译见列维纳斯：《从存在到存在者》，吴蕙仪译，南京：江苏教育出版社，2006年，第47—48页。

示我们处在与绝对他异之物的关系之中，这一事物不将他异性担负为……临时的规定性，这一事物的实存本身就是由他异性形成的。"（第63页）这就是为什么死亡作为事件，作为一个无法把握的事件，"绝不会是现在"，而是将自身显现为"永恒的将来性"（第59页）。因为"无法以任何方式把握的东西"——以死亡的方式，以他者的方式——"就是将来"。换言之，"将来是不可把握之物，是不期而遇地降临于我们并抓住我们之物。将来，就是他者。与将来的关系正是与他者的关系"（第64页）。

因此，与在死亡事件或神秘中得到具体化的他者的关系，使得具体地思考将来成为可能——也就是说，非常简单地思考将来。但是，这一将来，"死亡所赋予的将来，事件的将来，**还不是时间**"（第68页，着重部分由作者标明）。要做到这一点，它至少必须允许自身与现在之间的某种关系（将来在现在中的存在或现在对将来的侵入），而这种关系恰恰被理解为神秘或他异性的死亡所排除。死亡使对未来的思考成为可能，但对时间的思考还远远不够。为此，我们需要另一种关系、另一种境况——如列维纳斯后来所说的另一种环境。在这种境况下，"事件与此同时在这一境况中发生了，而主体在其中不像人们欢迎一件事情或一个客体那样欢迎它，而是直面这一事件"（第67页）。在这种境况下，虽然没有对未知的把握，也没有对未来的预期，但主体的当下与事件的未来之间却存在着一种关系，事件发生在主体身上，而他却没有承担。列维纳斯写道："这种境况是与他人的关系，是与他人面对面的相遇，是与一张同时给予又遮蔽他人的面容的相遇。"（第67页）在这种情况下，他人替代了一般的（überhaupt）他者、纯粹的他者和普遍的他者，使我们得以从单纯的未来走向时间本身，在那里，现在和未来可以而且必须保持一种关系（我们已经注意到，在这一描述中，过去尚未被考虑在内）。"与将来的关系，将来在现在的出场，看上去都已经在与他人的面对面中被完成了。面对面的情形将是**时间的完成本身**，现在对将来的侵入不是孤单的主体的成就，而是一种主体间关系。**时间的条件**位于人与人之间的关系之中，或位于历史之中。"（第68—69页，着重部分由作者标明）

这是对1946—1947年课程的核心部分的极为简洁的总结（而且仅仅是对这几页的总结：前面几页描述了主体的诞生或实显，后面几页则描述了他者的他异性试图通过作为一种模式的女性来思考自身），无疑，这并非毫无用处，因为它可以作为阅读1975—1976年课程的良好导言。在这两部作品相隔的30年间，如果说某些分析有所改变，但基本主题却没有改变，尤其是基本主题——时间与死亡之间的关系，通过将他者的他异性卷入两者之间，得到了加强和深化。下面我们将就课程内容做一些分析。

264

3. 从时间出发的死亡。现在，我们可以来谈谈这门课程了，但不是为了提供一种解释或评论，而只是为了通过一些简单的注释来扩展对这门课程的解读。首先是关于文本的结构，这个文本可以说是循环的，因为它从提出问题开始（第一部分：1975年11月7日至21日的课程），然后是阅读一些哲学著作（第二部分：1975年11月28日至1976年5月7日的课程），最后是沉思（第三部分：1976年5月14日和21日的课程），重新更深入地讨论了第一部分的问题。这三个部分需要做一些解释。首先需要指出的是，第一部分中提出问题的立场绝非中立，而是将问题置于列维纳斯思想的恰当视域中（第一堂课说道，"在时间的视角中寻求死亡，并不意味着一种向死存在的哲学。因此，它与海德格尔的思想有所不同"）——更确切地说，是在《别于存在》所开辟的视域中。正因如此，本书的第二部分将不仅仅是揭示过去或当代的一些哲学立场，而是从最初的追问出发，对它们进行质疑，以期在第三部分中继续追问（这就是为什么这些篇幅不能被简单认为是哲学史课程；这也是为什么它们必须被理解为作者不可分割的著作的一部分）。关于第二部分的结构（我在此以简要的方式再现）要说的是，这一结构使其仿佛支撑在两根支柱上，支撑在对海德格尔和黑格尔的两种批判性阐释上。与海德格尔根本对立的是康德；而对黑格尔的批判则伴随着对布洛赫充满赞扬的回顾；亚里士多德、胡塞尔、柏格森和芬克——以及其他一些人——以次要的方式和临时的方式介入。

　　但是，如果说这个循环结构的中心，是对在其相互关系中的死亡与时间的思考的话，那么显然我们必须首先转向海德格尔——如一位评论家所说，海德格尔是"伟大的对立面"，或许他想到了列维纳斯本人曾经把罗森茨威格描述为"伟大的当代人"的方式；[11]在海德格尔那里，"死亡与时间之间的紧密关系是被肯定的"。然而，列维纳斯又立即通过推翻海德格尔的结论，尝试"从时间出发思考死亡，而不是从死亡出发思考时间"来与海德格尔保持距离。为了理解死亡与时间之间的另一种关系，在我看来，重要的是要突出这两个概念在列维纳斯思想中的某些方面。

　　首先是死亡，哲学家绝不否认死亡是一种终结和毁灭，但他不禁要问，死亡所开启的虚无在哲学传统中是否得到了充分的思考，也就是说，是否得到了足够彻底的思考：一种如此这般的虚无，一种"如死亡一般，没有任何意义"的虚无，换句话说，如果我们可以这样说的话，一种空洞的、脱离一切存在的虚无，也就是一种纯

〔11〕 参见 R. A. Cohen, "La non-in-différence dans la pensée d'Emmanuel Levinas et de Franz Rosenzweig", *Cahiers de l'Herne*, n°60, 1991, p. 343; E. Levinas, "Franz Rosenzweig: une pensée juive moderne", *Cahiers de la nuit surveillée*, n°1, 1982, p. 68.

粹的虚无。现在，列维纳斯在这门课程中想要说明的是，从将虚无置于生成－毁灭对立面中的亚里士多德，到将纯粹存在与纯粹虚无视为同一事物的黑格尔，更不用说断言虚无作为整体的取消就像方的圆一样荒谬的柏格森，虚无一直在挑战着西方思想，因为西方思想一直未能成功地将虚无视为虚无。[12]

在海德格尔那里则不一样——至少在《存在与时间》这部本课 266程首先考虑的著作中是不一样的——死亡作为此在的终结就是本己的虚无，其特性是理解存在。但是，这种纯粹的虚无本身——尽管如此，它允许自身被预期——还不是死亡的尺度或过度，因为它将决定或限定死亡作为终结、虚无或湮灭的无限度和不确定性，而且仅此而已。但是，为什么我们如此确信死亡只是虚无呢？或者说，为什么我们拒绝考虑在这种虚无中，在死亡的虚无中，有什么是未知的？"我甚至纳闷我们与死亡之关系的首要特性，如何竟能逃脱了哲学家们的注意。它不是与死亡的虚无之关系，确切地说，我们根本不知道应该从哪里入手分析它——我们与死亡之关系的首要特性是这样一种情形：在其中，某种绝对不可认识之物出现了。"——我们在《时间与他者》（第58页）中看到的这段话，可以在本课程中找到其位置，虽然有修改，但也只是在表述上有所修改，因为这门课程更坚定地考虑到了死亡的虚无。因此——这也是列维纳斯特别强调的命题——死亡需要一种虚无才能被正确地思考，这种虚无比纯粹的虚无更虚无：一种虚无与未知的模糊的虚无。由于死亡的这种未知性在其模糊性中——以一种神秘或谜的方式——与虚无交融在一起，死亡所铭刻的纯粹的问号将被保留在它无可否认的毁灭

---

[12] 课程中引用了黑格尔和柏格森的观点，并附有参考文献。

之中，保留在它毫无疑问地开启的虚无之中。而且，由于这个问号，所有死亡所蕴含的无意义和荒诞的维度——同时也是情感的维度——反过来也会被铭刻在虚无的中立性中。

正是这种对死亡作为虚无、未知或纯粹问题的确定，这种将死亡确定为最高的不确定性，才使得列维纳斯能够将康德与海德格尔对立起来。康德既不否认死亡，也不否认死亡的虚无性，但在实践理性的要求下，他走向了灵魂不朽的假设。但我们要小心：我们在此必须认识到的是，这种不朽不能被肯定——也不能被否定（这只不过是教条主义的反面）——而只能被希望。这种希望就像是被排除在肯定与否定之外的第三者，它在死亡的不可描述的虚无中嵌入了一种或许。需要强调的是，这也是这门课程中最刺激的思想之一，它或许并没有填补虚无的空白，也没有削弱死亡的锋芒。恰恰相反，它在死亡的虚无中添加了一个问题——一个除了或许之外没有答案的问题——来加重死亡的重量，从而恢复了它的谜——它的神秘，正如《时间与他者》中所说的——它的毁灭与未知的模糊性。

我曾多次说过，这些课程属于《别于存在》时期，该书的主题是主体的主体性——而《总体与无限》的主题则是由他者或他人的他异性构成。因此，正是在这本书所开辟的思想视野中，在对主体的主体性进行沉思的过程中，时间本身才得以思考。现在，《别于存在》中具有决定性意义的新内容是，主体不再是战后初期所思考的、上文所提到的实显（hypostase）中"孤独而单独的主体"，也不再是《总体与无限》中作为同一的自我——后者是"卓越的同一性，是同一化的原初作品"，它"拥有同一性作为内容"。[13] 被同一

————————

〔13〕 *Totalité et Infini*, p. 6.译文参照列维纳斯：《总体与无限》，朱刚译，北京：北京大学出版社，2016年，第7页。下同。

性限定的孤独的主体或自我，必然会在他人的面容中遭遇他者，而主体或我的孤独和同一性无疑会受到这种遭遇的影响、挑战和破坏——但这只是在第二阶段，在主体或自我被构造之后。相反，在这里，主体的同一性来自外部，其独特性来自他者对他的传唤——因此，我们必须理解，外在性或他异性是主体性的构成要素。"不论自身愿意与否，在自我中的同一者所具有的同一性都从外面来到自我，作为某种拣选或灵感，以受传唤者之独特的形式。"〔14〕因此，心理或人的最深层——如列维纳斯所说的前－原初主体性——不能再从意识的角度来思考，不能被描述为同一性，而必须被视为同一中的他者。因此，主体性就是这个已经向他者开放的同一者——根据《时间与他者》中的分析，同一者既不能理解，也不能容纳，甚至不能预见他者——但总是已经转向他者，却永远无法到达他者。作为来自外部的同一性，sub-jectum 的同一性，"在宇宙的重压之下对一切负责"，〔15〕主体性已经向它永远无法触及的外部和差异敞开。而正是在这种永不中，根据课程的说法，时间的永远才会被发现："时间的永远是由欲望与被欲望之间的不相称所产生。"毫无疑问，时间总是能够通过前摄和滞留，通过记忆和预期，通过历史和前瞻，被带到共时性之中，但时间的首要特征是它的异时性。异时性"是同一性的分离，在这一分离中，同一者不再与同一者相逢"，〔16〕在这个意义上，它可以被理解为主体性的另一个名称，就像我们刚刚提到的那样——"尽量从本来意义上说的主体（因为言说的基础从未从本来意义上被说出）不在时间之中，而就是异时性

---

〔14〕 *Autrement qu'être*, p. 67. 中译本第135页。
〔15〕 同上书，第147页。
〔16〕 同上书，第67页。

本身"〔17〕——我们会明白，它总是落后于它所欲望的他人。在这一延迟中，主体性作为暴露——不顾自身——于他者，作为忍耐，最后，作为被动性。

但是，《总体与无限》告诉我们，"卓越意义上的他者就是他人"〔18〕——这一教诲在《别于存在》和本课程中都得到了保留。因此，向他者敞开的主体性是易感性的——易感，但并不能够——与他人、与邻人建立责任关系的主体性，后者的切近勾勒了深刻的异时性："我越是回应，就越是负有责任；我越去接近那是我之负担的邻人，就离他越远。这一不断增加之债务就是无限，亦即那使自身无限化的无限，那作为荣耀的无限。"〔19〕在不深入探讨这本书的极端困难的前提下，我们可以说，正如《时间与他者》一书中所说的，尽管术语不同，但时间最初是在与他人的关系中产生的。

在以这种方式构想的时间中，死亡被铭刻了两次。首先，作为他人的死亡（如课程中所问，"死亡的虚无不正是邻人赤裸裸的面容吗？"），这是一种具体的方式，通过这种方式，在主体内部，同一并不重新融入同一，而是被动地、无偿地为另一主体服务。其次，是我自己的死亡，它的无意义在某种程度上保证了这种被动不会转化为主动，或者说这种不安不会最终得到安宁："我的必死性、我的被判死亡、我在死亡边缘的时间、我的死亡，并不是不可能的可能性，而是纯粹的被缚，正是这些构成了荒诞，使我对他人的责

---

〔17〕 *Autrement qu'être*, p. 67. 中译本第73页。

〔18〕 *Totalité et Infini*, p. 9. 中译本第10页。

〔19〕 *Autrement qu'être*, p. 119. 中译本第225—226页。

任成为可能。"[20]

以上仅是一些注释，目的并不是为了解释，而是为了强调一种 *270* 思想的几个基本特征，以及几个无法掩盖的困难的点。这种困难导致这一思想"从时间出发来思考死亡，而不是像海德格尔那样，从死亡的角度来思考时间"。死亡不再是成为可能性的虚无，而是虚无与未知的模棱两可——时间不再是存在的视域，而是在与他人关系中的主体性的情结。

4. 没有存在的上帝。[21] "但听见一个未被存在所污染的上帝乃是一种人性的可能，其重要性与不确定性并不比将存在从其遗忘——据说，在形而上学和存在论神学中，存在已经被遗忘——中带出来要小。"[22]《上帝与存在论神学》的课程任务就是如此，它作为一门课程需要解答的问题就是如此。可以说，这相当于再现了海德格尔的姿态，即努力思考一种未受存在者污染的存在，无论它叫ὄντος ὄν、summum ens，还是至高无上的存在者——简言之，上帝，即哲学为其借用的名称——尽管存在是并且不能不是存在者的存

---

[20] 陀思妥耶夫斯基在《罪与罚》中对这种以"他者"震撼"同一"——或者作为这一震撼——为基础的时间方式进行了精彩的描述。更确切地说，是通过小说第一部分的结构。该部分叙述了拉斯柯尔尼科夫为实现自己的计划——刺杀放高利贷的老太婆——而不断前进的过程，而这种前进是通过与不同面目的他人无休止地相遇来实现的。但也正是这些相遇造就了拉斯柯尔尼科夫的进步，并在这个意义上编织了叙事的时间。更为深刻的是，它们书写了时间本身，即他者-同一的脉动。因此，它们书写或象征了时间性，此外，它们还在时间性的象征之中刻画了死亡，因为小说的第一部分是以谋杀开篇的，谋杀超越了其本身作为理性刺杀的意图。关于这些问题，可参见我的著作，*Dostoïevski: la question de l'Autre*, Verdier, 1983。

[21] 向让-吕克·马里翁致敬。

[22] *Autrement qu'être*, p. x. 中译本第5页。

在。[23]因此，我们的目的是思考"上帝"这个术语本身，而不是它
在哲学中的含义；换句话说，"把上帝这个词理解为一个有意义的
词"。[24]在哲学史上，这个词并不像它的同类词"死亡"和"时间"
那样具有同样的地位，后两者被哲学当作问题接受但又马上排除掉
了。因为，在这种哲学中，如果我们可以用布尔乔亚的话来说，它
伴随着最高荣誉的所有表现进入哲学，[25]一下子获得了最高级的特
性，并声称自己是一切存在和可能存在的永久基础——由此很快就
成为它们无可争辩的基础。最终，它成为最高具体性（根据词源学
中的con-crescere理解）意义上的"绝对"，从而完成了它的上升，
并因此忘记了其追思（absoute）或宽恕（absolu）的意义（同样是
词源学上的！）。因此，它忘记了赎罪（absolvere）的意义，忘记
了逃避或免除自己想要并将永远想要包含自己的东西的意义。这一
"绝对"与希伯来语中哲学上帝的第一个名字"kadosh"押韵，大致
说来，kadosh既是神圣的，也是分离的，[26]仿佛神圣性以其自身的
姿态书写在了分离之中，仿佛上帝偶然出现在人类语言中就是差异
的原初标记。[27]

　　然而，正是因为这个词的历史，所以对它的沉思需要一种完全
的进路，这就是死亡和时间等术语所许诺的进路——这些词在敲开
哲学的逻各斯之门的那一刻就被哲学拒绝了，但又在黑格尔和海德
格尔那里被重新拾起，而且无论如何都不会像"上帝之名"那样被

---

〔23〕请看第二门课程1976年1月30日那一讲的注释〔1〕。

〔24〕 *De Dieu qui vient à l'idée*, p. 7.

〔25〕如同海德格尔在其《形而上学的存在－神－逻辑学机制》的讲座一开头所说的
　　　那样。

〔26〕因此，人们合法地把拉比文献中对神的传统称呼kadosh barouch hou翻译成
　　　"圣者，愿祂得福"。

〔27〕这门课程会告诉我们，这种差异就是非－冷漠。

伪装起来。在此，对这个词的意义的恢复不再通过与那些把自己的名字刻在哲学史目录中的思想家的对话（Gesprach），或者——就像列维纳斯在这门课程中敢于翻译的施瓦本（souabe）方言一样——谈话中得到。因为上帝之名永远不会被哲学恰当地说出——这是272它的戏剧，也是它的过错：它过于伟大的辉煌。除非，也许"在某些闪亮的瞬间"，[28] 在这些停顿的时刻，哲学——各民族的智慧[29]——听到了异于存在的例外。从这一刻起，我们需要直面问题，而不是停留在与一个从一开始就选择或被迫忽视上帝之名的传统的对话中。

因此，课程的发展如其所是，也就是说，按照一种思想的节奏进行着，这种思想知道它必须思考得比思考更多——这就是《别于存在》的任务，"上帝与哲学"的任务，这一系列课程的任务。这种节奏只能是混乱和动荡的，一周又一周，从一个词到另一个词，一个单一的问题喘不过气来地被接受，或者在提出问题时被抓住：除了一般意义上的某物，即著名的、必要的但又是专制的 etwas überhaupt 之外，某物自身如何才能摆脱或免除被把握或一再重新被把握呢？绝对何以可能，又如何被思考？但是，一种绝对——不与黑格尔式的绝对相混淆——不会沉沦于所有牛都是黑色的迷狂（Schwärmerei）的绝对中，会被再次唤起，只是这一次，会陷入未知，而这未知又太快地被误认为是已知。诚然，"绳索当然不会太短，也不会太脆"——"它试图包围、限定、固定、束缚和捆绑超越性"。[30] 只要如此，思想的任务就仍然是思考的比它所思想的更多。

可以说，列维纳斯在《别于存在》，在同时期的其他文本和这

---

〔28〕 *Autrement qu'être*, p. 10. 中译本第 33 页。
〔29〕 *De l'évasion*, p. 99.
〔30〕 *Noms propres*, p. 127.

一课程中所做的全部努力（如果我们可以这样说的话）就在于恢复上帝的自由。这一自由被哲学、被海德格尔正确地称之为存在论神学——以形而上学欺骗思想为幌子——的东西所诱惑。

这是如何发生的？这是唯一有价值的问题。但我们所要做的，只是给细心的读者几把钥匙，打开通往这条道路的沉重大门。读者们应该知道，没有任何注释能够更进一步打开这扇沉重而笨拙的门。因为这扇门的真正名字是暧昧，只有在试图翻译这扇门时才会从那些背叛它的词语中听到超越性。我们只能通过指出我们自己在过去20年中一直在努力克服的一些陷阱来帮助读者。

索 引

（条目后数字系指原书页码，即本书边码；
"155 n"即指原书第155页注释。）

105-106，108，201，265.

PLATON 柏拉图 8，18，21，23，25，
  27，43，87，111，113，115，121 n，
  144，145，150，153，230，235 n，
  257-258.
PLOTIN 普罗提诺 144.
POUCHKINE（Alexandre
  Sergueïevitch）普希金 41.

R

RABELAIS（François）拉伯雷 190 n.
ROSENZWEIG（Franz）罗森茨威格 9，
  159 n，162，210 n，259，265.

S

SARTRE（Jean-Paul）萨特 181.
SCHELER（Max）舍勒 26，81.
SCHOLEM（Gershom）肖勒姆 10.
SHAKESPEARE（William）莎士比亚
  199.
SOCRATE 苏格拉底 18，23，27，145，
  257.
SPINOZA（Baruch）斯宾诺莎 21，34.

T

TALLEYRAND（Charles Maurice de）
  塔列朗 219.
THALÈS 泰勒斯 86.
TOLSTOÏ（Lev Nikolaïevitch）托尔斯
  泰 118.
TRAKL（Georg）特拉克尔 75.

V

VALAVANIDIS-WYBRANDS（Harita）
  瓦拉瓦尼迪－威布朗 11，201 n.
VALÉRY（Paul）瓦雷里 221 n.

W

WAHL（Jean）瓦尔 162.
WEIL（Simone）薇伊 163，182.
WYBRANDS（Francis）威布朗 11.

Z

ZAC（Sylvain）扎克 229 n.
ZARADER（Marlène）扎拉德尔 11，173 n.